KB196855

수학으로 세상을
널리 이롭게 하라

수학으로 세상을 널리 이롭게 하라

안나미 지음

㈜자음과모음

인간의 생활에서 수학은 떼려야 뗄 수 없습니다. 인류가 지구상에 등장하면서부터 숫자가 사용되었으니까요. 문명 생활을 시작하면서부터는 단순한 숫자 계산뿐만 아니라 더욱 복잡한 수학이 필요해졌습니다.

사냥한 동물을 나눠 먹기 위해, 밭의 면적을 계산하기 위해, 수확한 곡식으로 세금을 내기 위해, 집을 짓거나 물건을 만들기 위해, 물건을 사고팔기 위해, 이동할 때 거리를 계산하기 위해…….

이렇듯 수학은 우리 생활 속에서 꼭 필요합니다. 지금도 일상의 작은 계산부터 우주선을 쏘아 올릴 때 필요한 복잡한 계산까지 많은 곳에서 수학이 사용되고 있습니다. 인류의 문명 발전에 중요한 역할을 하고 있는 것입니다.

예전에 조선 시대 수학책을 번역한 적이 있습니다. 그런데 그 이야기를 하면 모두 한결같은 반응을 보였습니다.

"조선에도 수학책이 있었어?"

왜 이런 반응이 나왔을까요? 조선 시대에는 수학이 필요 없을 거라고 생각했기 때문일까요?

유명한 수학자 아르키메데스나 피타고라스를 떠올리면 서양 수학의 오랜 역사를 금방 이해할 수 있습니다. 그렇다면 오래전 동양에서는 수학을 연구한 사람이 없었을까요?

그렇지 않습니다. 동양의 수학자들은 서양보다 먼저 원주율 값을 계산했고, 피타고라스의 정리라고 알려진 이론을 앞서 만들었으며, 복잡한 고차 방정식도 척척 풀이했습니다.

디지털 시대에 필수인 이진법은 독일의 수학자 라이프니츠가 만들었다고 알려져 있습니다. 그러나 이 또한 사실은 동양의 『주역』이라는 책에 적힌 음과 양으로 이루어진 숫자 조합법을 보고 만든 것입니다.

우리가 요즘 배우는 수학은 동양에서 근대화가 시작되며 비로소 들어왔다고 생각하는 친구들이 많습니다. 그래서 수학이 서양에서 먼저 시작되었다고 오해하기가 쉽죠. 하지만 앞서 든 예시만 봐도 그렇지 않습니다.

수학은 과학의 기초가 될 뿐만 아니라 철학의 기초이기도 합니다. 특히 동양에서 숫자는 철학적으로 중요한 상징성을 가지고 있습니다. 동양에서는 유교, 도교 등 철학적 학문을 공부하고 실천하는 것을 미덕으로 여겼으니, 그와 깊은 연관이 있는 숫자와 수학에 대한 연구는 활발했습니다.

이 책을 통해 이번 기회에 우리가 잘 모르고 있던 동양 수학의 오랜 역사와 그 위대함을 조금씩 알아볼 수 있다면 좋겠습니다.

2장　조선의 수학

3장　계산으로 보는 수학

1장

동양의 수학

모든 숫자에는
의미가 있다

하늘에서 떨어진 수, 땅에서 솟은 수

세상은 어떻게 만들어졌을까요? 처음 생겨난 세상에는 아무것도 없었을 거예요. 그렇게 텅 빈 세상에 어떤 존재가 하나씩 등장하면서 숫자도 등장했겠지요? 무엇인가 하나가 생겼다고 말할 때 숫자 1이 만들어졌고, 또 다른 것이 나타나면 숫자 2, 3, 4가 생겨났을 테니까요.

숫자의 시작이 1이라는 것은 누구나 다 알고 있습니다. 숫자 1은 '처음'이자 '하나'라는 뜻이지만, 동양에서는 이보다 더 중요한 의미가 있습니다.

동양 사람들은 세상에서 하늘이 첫 번째로 만들어졌다고 생각했습니다. 그래서 1을 하늘을 상징하는 숫자로 보았어요. 세상이 생기려면 먼저 하늘이 있어야 한다고 믿었기 때문입니다.

하늘이 생긴 다음에는 무엇이 필요할까요? 바로 땅입니다. 하늘과 땅이 있어야 온전한 세상이 됩니다. 그래서 하늘의 숫자가 1이라면, 하늘 다음에 생긴 땅의 숫자는 2입니다.

동양 사람들은 세상의 모든 것이 양(+)과 음(-) 두 가지 기운으로 이루어져 있다고 생각했습니다. 그래서 모든 것을 +와 -로 구별해서 설명하고 싶어 했지요. 숫자도 마찬가지였습니다. 따라서 1은 하늘의 숫자이고 양의 숫자이며, 2는 땅의 숫자이자 음의 숫자가 되었습니다.

양의 숫자는 1로 시작해서 3 5 7 9로 이어집니다. 우리가 알고 있는 홀수가 바로 양의 숫자입니다. 양의 숫자는 하늘과 남성을 뜻하기도 합니다. 음의 숫자는 2로 시작해서 4 6 8로 이어지는 짝수이며 땅과 여성을 상징합니다. 옛날 동양 사람들은 이렇게 하늘의 수와 땅의 수, 양과 음, 홀수와 짝수가 어우러져서 모든 숫자는 서로 조화를 이룬다고 생각했습니다.

숫자 1과 2가 생긴 후에 그 숫자가 더해지고 곱해지면서 더 많은 숫자가 만들어졌습니다. 옛날 사람들은 숫자 하나하나에 우주의 원리가 있다고 생각했습니다. 동양에서는 양과 음이 서로 어울려 조화를 이루는 것이 세상의 이치라고 여겼기 때문입니다.

양이라고 해서 좋은 것이고 음이라고 해서 나쁜 것이 아니라, 두 개가 조화로워야 좋은 것입니다. 만약 해가 뜨고 나서 영원히 지지 않는다면 어떻게 될까요? 온종일 낮이고 밤이 오지 않으면 성장하고 휴식해야 하는 생물은 제대로 살아갈 수 없게 됩니다. 해가 뜨면 져야 하고, 빛나는 시간이 있으면 그늘진 시간이 있어야 하는 것처럼 양과 음의 조화가 이루어져야 이상적인 세상인 것입니다.

태극기

이 양과 음을 그림으로 나타낸 것이 바로 태극 무늬입니다. 태극기 중앙의 동그란 모양이 태극이지요. 위에 있는 빨간색이 양을, 아래에 있는 파란색이 음을 의미합니다. 양이 커지면 음이 작아지고 음이 커지면 양이 작아지는 모양으로 양과 음의 조화를 표현했습니다. 둘 중에 어느 것도 더 많거나 적지 않게 균형을 이루고 있는 것이지요.

하늘과 땅이 만들어 낸 수

하늘의 수 1과 땅의 수 2가 만나서 만들어 내는 수는 무엇일까요? 맞아요. 1+2=3입니다. 옛날 사람들은 양의 첫 번째 수 1과 음의 첫 번째 수 2가 합해진 수인 3을 하늘과 땅이 만든 가장 완전한 수라고 생각했습니다.

옛날 중국에는 하늘에 제사를 지낼 때 사용하는 '정'이라는 솥이 있었습니다. 이 솥의 다리는 3개입니다. 우리가 생각하기에 4개여야 될 것 같지요? 다행히 3개의 다리로도 충분히 균형이 잘 맞았습니다.

청동정

그래도 다리가 4개면 더 안정적일 것 같은데, 굳이 다리를 3개로 한 이유는 무엇일까요? 그것은 하늘에 제사를 지낼 때 쓰는 신성한 솥이어서 완전한 숫자인 3을 사용하고 싶었기 때문이라고 합니다.

하늘과 땅이 만들어 낸 숫자 3은 생명을 상징하기도 합니다. 하늘과 땅이 있으니 그 사이에서 나무와 동물, 사람과 모든 것이 태어날 수 있기 때문이지요. 이렇게 생명을 만들어 내는 숫자 3을 사람들은 무척 좋아했습니다.

다다익선이라는 말처럼, 완전한 숫자 3이 반복된다면 얼마나 좋을까요? 그래서 사람들은 숫자 3이 겹치는 음력 3월 3일을 특별하게 보냈습니다. 이날은 겨울이 지나고 세상에 따뜻한 양의 기운이 솟아나는 날입니다. 꽃으로 떡이나 국수를 해 먹고 나들이를 가며 봄을 실컷 즐기고 사람들과 만남을 가지기도 했습니다.

우리 민족의 기원과 관련된 단군 신화에서도 숫자 3이 자주 등장합니다. 하늘의 왕 환인은 아들 환웅에게 하늘의 도장인 천부인을 3개 주고 세상을 다스리게 했습니다. 환인은 아들에게 도장만 준 것이 아니라 바람 비 구름을 다스리는 세 신을 데리고 가도록 했죠. 또 삼천 명의 신하를 주고 360개의 일을 맡겨 인간 세상을 다스리도록 했습니다.

단군 신화에 등장하는 곰은 쑥과 마늘만 먹으며 지내다가 삼칠일 만에 사람이 되었다고 하는데요. 이때 삼칠일의 삼칠은 3×7을 말합니다. 3×7=21이니, 곰은 21일 만에 사람이 된 것입니다. 여기에서도 숫자 7이 세 번 반복됩니다.

3은 조화와 균형, 신성과 완전을 상징하기 때문에 중요한 일에 자주 사용되는 숫자입니다. 조선 시대에는 과거 시험도 세 번 보고, 평소 학교에서 시험을 볼 때도 세 번 통과해야 했습니다.

완전한 숫자인 3을 세 번 겹치면 만들어지는 숫자도 있죠. 바로 3×3=9입니다. 그렇다면 9라는 숫자도 좋을까요? 그렇습니다. 음력 9월 9일이 되면 9가 아홉 번 겹치는 날이라고 해서 이때 피는 꽃인 국화로 맛있는 떡을 만들어서 먹고, 동산에 올라가 온 가족이 건강하기를 바라기도 했습니다. 이날 소원을 빌면 오래 살 수 있다고 믿은 것이지요.

수가 상징하는 의미

그렇다면 다른 숫자들에는 어떤 상징이 숨어 있는지 한번 알아볼까요?

숫자 4

요즘에는 숫자 4를 죽을 '사(死)' 자와 발음이 같다고 해서 꺼리는 경우가 많습니다. 그러나 옛날 사람들은 숫자 4를 좋아했습니다. 4는 균형을 뜻하는 숫자입니다. 그래서 일 년을 봄 여름 가을 겨울 사계절로 표현했습니다. 방향을 말할 때도 동서남북, 즉 사방이라고 했는데요. 옛날에는 땅이 사각형으로 되어 있다고 생각했기 때문입니다.

숫자 5

동양에서는 우주 만물의 원리를 음양과 오행으로 이해했습니다. 여기에서 오행은 세상을 구성하는 나무 불 흙 쇠 물의 다섯 가지입니다. 그래서 오행이라고 불렀습니다. 이처럼 숫자 5는 우주의 이치가 담겨 있는 신비롭고 완전한 완성의 수입니다.

때문에 숫자 5가 들어가는 분류법이 굉장히 많았습니다. 맛도 신맛 쓴맛 단맛 매운맛 짠맛 다섯 가지를 오미라고 했습니다. 소리도 궁상각치우의 오음으로 나누었고, 색깔도 푸른색 붉은색 노란색 흰색 검은색의 오색으로 구분했습니다.

우리 발음 기관을 어금닛소리 혓소리 입술소리 잇소리 목구멍소리의 오성으로 구별했습니다. 신체의 중요한 장기인 간 심장 비장 폐 신장을 오장이라고 했고, 다섯 가지 복인 오복을 누려야 좋다고 했습니다. 또 인간이 지켜야 할 도리도 오륜으로 정리했습니다. 5라는 숫자가 얼마나 중요하게 사용되었는지 알 수 있겠지요?

마지막으로 5는 흙의 숫자이며 가운데를 의미하고, 노란색을 나타내는 숫자이기도 합니다.

숫자 6

옛날에는 온 세상을 숫자 6으로 표시했습니다. 세상을 육합이라고 했는데, 하늘과 땅의 2 그리고 동서남북 사방의 4를 합하여 6이된 것입니다.

또 6은 물의 숫자이며 북쪽을 의미하고 검은색을 상징합니다. 물을 상징하기 때문에 화재를 예방하기 위해 만든 연못에 육각형 모양이나 숫자 6을 써 두기도 했습니다.

숫자 7

음양의 2와 오행의 5를 더하면 7이 됩니다. 서양에서 7을 행운의 숫자라고 하여 '러키세븐'이라고 부르는 것처럼 동양에서도 7을 좋아했습니다. 밤하늘에서 가장 중요한 별자리로 꼽히는 북두칠성도 7개의 별로 이루어져 있습니다. 일주일은 7일로 구성되어 있는데요. 이는 해와 달 그리고 지구에서 가까운 5개의 별인 수성 금성 화성 목성 토성을 더한 숫자입니다.

과거에는 사람이 세상을 떠난 지 49일이 되면 다시 태어난다고 믿었습니다. 이때 좋은 곳에서 다시 태어나길 기원하며 부처님께

불공을 드립니다. 죽은 날부터 7일마다 일곱 번 불공을 드리는데, 7×7=49라고 해서 사십구재라고 부릅니다. 7이 일곱 번이나 겹쳐서 칠칠재라고도 합니다.

숫자 8

중국의 문명이 시작된 큰 강의 이름을 알고 있나요? 그 강의 이름은 황하입니다. 어느 날 황하에서 용과 말이 합쳐진 모습을 한 용마가 나타났는데, 용마의 능에는 숫자가 적힌 그림이 있었습니다. 사람들은 용마가 가지고 온 그림 속 숫자로 8괘를 만들었다고 합니다.

☰	☱	☲	☳	☴	☵	☶	☷
건	태	리	진	손	감	간	곤
1	2	3	4	5	6	7	8
하늘	연못	불	우레	바람	물	산	땅

8괘

8괘는 자연계와 인간계에서 일어나는 현상을 관찰하여 세상이 변화하는 원리를 8개의 기호로 만든 것입니다. 이 기호들은 각각 하늘 연못 불 우레 바람 물 산 땅을 상징합니다.

태극기에도 이 8괘 중 4괘가 그려져 있습니다. 하늘(건) 땅(곤)

물(감) 불(리)의 뜻을 가진 4쇄로 세상을 이루는 중요한 요소를 나타낸 것이지요. 이때 4괘는 봄 여름 가을 겨울을 의미하기도 합니다.

태극기

가장 오래된 유교 경전인 『주역』이라는 책에는 8괘를 여덟 번 바꾸어 8×8=64, 총 64괘의 풀이가 나와 있습니다. 이 책은 천지 만물이 끊임없이 변화하는 자연 현상의 원리를 설명한 책인데요. 사람들은 『주역』의 64괘를 가지고 그때그때의 운수를 점치고 미래에 일어날 일을 예측했습니다.

숫자 9

완전한 숫자인 3이 세 번이나 겹친 수이기 때문에 옛날 사람들은 9를 무척 좋아했습니다. 9는 좋은 수이면서 가장 큰 수이기도 합니다. 물론 10으로 가기 전의 한 자릿수 숫자에서요. 그래서 9라는 수를 '많다'라는 의미로 사용하기도 합니다. 건물로 겹겹이 둘러싸인 궁궐을 구중궁궐이라고 부르는데, 구중은 아홉 번 겹쳐 있다,

즉 많이 둘러싸였다는 뜻입니다.

옛날에는 이렇게 숫자마다 의미가 있었습니다. 숫자를 사용할 때 단순히 수를 나타내는 것뿐만 아니라 숫자만으로도 어떤 의미를 상징할 수 있었어요. 글자 대신 그 뜻을 표현할 수 있었기 때문에 숫자가 문자의 역할도 한 셈이지요.

그리고 모든 숫자는 각각 그 나름대로 좋은 뜻을 담고 있어요. 불행만을 뜻하는 숫자는 없고 모두 행운의 숫자만 있는 것입니다.

옛날 사람들은 세상이 처음 생길 때부터 숫자가 만들어지기 시작했다고 믿었습니다. 그래서 하늘과 땅이 생기고 그 안에서 생명이 태어나고 바람이 부는 것과 같은 자연의 모든 것에 의미를 두어서 숫자와 짝을 지었습니다. 세상의 모든 존재가 의미 있듯이, 숫자도 하나하나 모두 소중하게 느낀 것이죠.

거북이가 알려준
마방진

낙수의 거북이가 가져온 숫자

인류는 오래전부터 강 주변에 모여 살았습니다. 강이 옆에 있어야 강물을 이용해서 농사도 짓고 여러모로 편리하게 생활할 수 있기 때문입니다. 그래서 이집트의 나일강과 인도의 인더스강, 메소포타미아의 티그리스강과 유프라테스강에서 인류의 문명이 시작되었죠. 그렇다면 우리가 살고 있는 동양에서는 어느 강에서 문명이 시작되었을까요? 앞에서 잠깐 살펴보았죠? 바로 중국의 황하입니다.

황하는 누를 '황(黃)' 자와 물 '하(河)' 자의 글자를 써서 '누런 강'이라는 의미로, 서쪽에서부터 동쪽으로 흐르고 있습니다. 강물이

누렇다면 깨끗하지 않은 물이라 도움이 안 될 것 같지요? 하지만 황하에 섞인 황토는 황하 주변의 농토에 좋은 양분이 되어 땅을 기름지게 해 주었습니다. 그 덕에 농사가 잘되었기 때문에 사람들은 황하 주변에 모여 살았습니다.

그런데 황하는 비가 오면 홍수가 자주 일어나서 근처에 사는 사람들이 많은 피해를 입었습니다. 황하 덕분에 농사지을 땅에 양분이 더해져서 좋았지만, 일 년에 한 번씩 일어나는 홍수가 사람들에게는 큰 문제였습니다. 그래서 황허의 홍수를 잘 다스리는 왕을 훌륭한 왕으로 꼽았고, 많은 왕이 이 자연재해를 잠재우기 위해 열심히 노력했습니다.

중국의 하나라가 있던 때에도 홍수가 자주 일어나 백성들이 피

낙서의 신귀

해를 많이 보았습니다. 그래서 다른 왕들처럼 하나라의 우임금도 황하에서 갈라져 나온 강인 낙수에서 하늘을 향해 홍수를 다스리게 해달라고 기도를 하고 있었습니다. 그때 낙수의 강물 속에서 커다란 거북이가 둥실 떠올랐습니다. 보통 거북이와 다르게 신비한 기운을 가진 이 거북이는 '신령스러운 거북이'라는 뜻의 신귀라고 불렸습니다.

그런데 이 거북이의 등에 뭔가 이상한 것이 있었습니다. 자세히 살펴보니 흰색과 검은색의 점이 박혀 있는데, 이 점들의 개수가 숫자를 나타내며 일정한 배열을 가지고 있었습니다. 이것을 낙수의 강물에서 온 거북이 등에 쓰인 것이라고 해서 낙수의 '낙(洛)' 자와 쓰다는 뜻의 '서(書)' 자를 써서 '낙서'라고 부르기 시작했습니다.

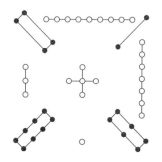

4	9	2
3	5	7
8	1	6

신귀 등에 그려진 낙서

위 그림은 각각 신귀의 등에 있었던 점을 그린 그림과 그림이 의미하는 숫자를 표로 만든 것입니다. 그림을 자세히 살펴보면 1에서부터 9까지의 숫자가 있는데, 숫자가 순서대로 있지 않네요? 이렇게 숫자를 이상하게 배열한 이유는 무엇일까요?

낙서에는 홀수 1 3 5 7 9와 짝수 2 4 6 8이 동서남북과 중앙에 배치되어 있습니다. 낙서의 숫자 배열을 보면 가운데 5가 있고 1 3 7 9와 2 4 6 8이 주변을 둘러싸고 있습니다. 1과 마주 보는 숫자는 9이고, 2와 마주 보는 숫자는 8입니다. 3과 마주 보는 숫자는 7이며, 4와 마주 보는 숫자는 6입니다.

어떤 숫자끼리 마주 보게 해 놓았는지 그 이유를 눈치챘나요? 마주 보는 숫자끼리 서로 더하면 10이 됩니다. 그리고 가운데 5가 있으니 어느 방향으로 더해도 한 줄의 숫자의 합은 15가 됩니다. 낙서의 숫자를 가로로 더해도 15, 세로로 더해도 15, 대각선으로

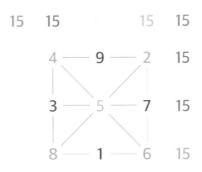

낙서가 가진 특별한 비밀

더해도 15가 나오는데요. 이것이 바로 낙서의 특별한 비밀입니다.

어느 방향으로 더해도 15가 나오는 신비한 숫자 배치 때문에 사람들은 낙서에 특별한 힘이 있다고 믿었습니다. 게다가 옛날부터 거북이는 신성한 동물로 여겨졌기에 거북이 등에 그려진 신비한 숫자의 배열은 악한 귀신을 쫓는 힘이 있다고 여겼습니다. 그래서 이것을 사각형으로 이루어진 마법의 숫자 배열이라는 의미로 '마방진'이라고 불렀습니다. 마방진은 마법이라는 뜻의 '마(魔)' 자와 사각형이라는 뜻의 '방(方)' 자, 줄지어 배열하다는 뜻의 '진(陣)' 자로 이루어진 단어입니다.

낙서에 나오는 숫자는 가로세로에 3개씩 배열되어 있는데요. 이것을 3차 마방진이라고 합니다. 만약에 숫자가 4개씩 배열되면 그것은 4차 마방진이 되고, 숫자가 5개씩 배열되면 5차 마방진이 됩니다. 가로와 세로의 숫자 개수에 따라 몇 차 마방진인지 알 수 있는 것이죠.

이런 식으로 50차 마방진, 100차 마방진도 만들 수 있을까요? 마방진을 만드는 일은 매우 까다롭습니다. 숫자가 1개씩 늘어나기 때문에 쉽게 만들 수 있을 것 같지만, 마방진의 규칙을 생각하면 하나를 만드는 것도 얼마나 복잡하고 머리가 아픈지 알 수 있습니다. 괜히 마법의 사각형 숫자 배열이 아니지요.

마법의 숫자 배열, 마방진

삼천 년 전 거북이가 등에 업고 온 3차 마방진. 이렇듯 동양에서는 이미 오래전부터 마방진을 사용했는데요. 서양에는 15세기가 되어서야 전해졌고, 마방진을 마법의 사각형이라는 의미로 매직 스퀘어(Magic Square)라고 불렀습니다.

그럼 마방진은 어떻게 만드는 것일까요? 우선 마방진은 가로와 세로의 칸의 개수가 같아야 합니다. 예를 들어 3차 마방신을 만들려고 하면 가로 3칸과 세로 3칸을 만들고 그 칸에 1부터 9까지의 숫자를 채우면 됩니다. 앞에서 보았던 신귀의 등에 그려진 3차 마방진 기억나지요?

마방진에서 칸이 늘어날 때마다 사용하는 숫자도 늘어납니다. 예를 들어 3차 마방진은 가로와 세로의 칸이 3개씩이므로 칸이 모두 9개입니다. 그래서 1부터 9까지의 숫자를 사용하면 되지요. 4차 마방진은 가로와 세로의 칸이 4개씩이므로 칸이 모두 16개입니다. 그래서 1부터 16까지의 숫자를 사용합니다. 이렇게 칸의 개수에 따라 사용하는 숫자를 정할 수 있어요.

여기까지 생각하면 마방진을 만드는 것이 쉽게 느껴지지요? 하지만 마방진에는 숫자를 배열하는 규칙이 있습니다. 바로 절대 같은 숫자를 중복해서 쓰면 안 된다는 것이죠. 같은 숫자를 쓰지 않으면서 가로로 더한 값과 세로로 더한 값, 그리고 대각선으로 더한 값이 모두 똑같아야 합니다. 그러니까 이 규칙에 따라 숫자를 배열하는 일은 생각보다 어렵습니다.

만들어진 마방진의 숫자를 더하는 일은 누워서 떡 먹기처럼 쉽습니다. 하지만 숫자를 중복할 수 없고 가로와 세로와 대각선의 합이 모두 같아야 하니 마방진을 직접 만들려면 몇 번이나 숫자를 바꾸는 고생을 해야 합니다.

마방진은 기본적으로 사각형으로 만들지만 여러 가지 형태의 마방진이 있습니다. 원형, 육각형 심지어 별 모양으로 만든 것도 있습니다.

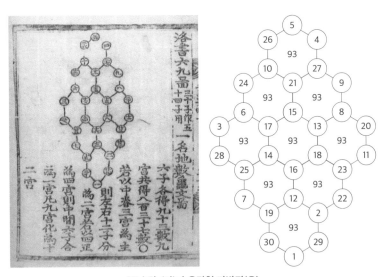

『구수략』(좌)과 육각형 마방진(우)

조선 시대 숙종 때 영의정을 지낸 학자이며,『구수략』이라는 수학책을 지은 최석정은 육각형 마방진을 만들었습니다. 이때 1부터 30까지의 숫자를 중복하지 않고 육각형에 배열했습니다. 육각형의 각에 있는 숫자를 모두 합하면 93이 되며, 이런 육각형이 여러 개 모여서 신비한 숫자의 조합을 만드는 마방진이 됩니다.

마방진은 어디에 쓰일까?

옛날에는 농사짓는 일이 중요했기에 낙서의 숫자를 활용하여 씨를 뿌리거나 농작물을 수확하기에 좋은 시기를 정했습니다. 그것으로 농사짓는 데 필요한 달력을 만들기도 했지요. 달력에 나타

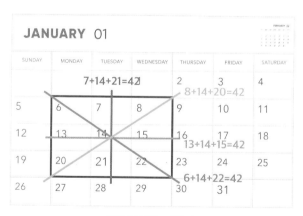

달력으로 보는 마방진

난 마방진의 원리를 살펴볼까요?

먼저 달력에서 마음에 드는 가로세로 3칸을 정합니다. 그런 다음에 가운데 숫자를 중심으로 가로의 합과 세로의 합 그리고 대각선의 합을 알아봅시다.

앞의 그림에서처럼 가로의 숫자 합은 13+14+15=42, 세로는 7+14+21=42, 오른쪽 대각선은 8+14+20=42, 왼쪽 대각선은 6+14+22=42입니다. 어느 방향으로 더해도 합은 42로 같습니다. 반드시 14일을 중심으로 했을 때만 그런 것은 아닙니다. 여러분이 원하는 칸을 정해서 숫자를 더해 본다면 달력에 숨어 있는 마방진을 찾을 수 있을 거예요.

사람들은 이러한 마방진에 신비한 힘이 있다고 믿어서 점을 치는 데 사용하기도 했고, 행운을 가져오거나 귀신을 쫓는 부적으로도 사용했습니다. 미신을 믿는 것은 비과학적인 일이라고 생각할 수 있지만, 원리를 찾아가다 보면 그 안에 담긴 과학을 발견할 수 있습니다.

오늘날에도 마방진은 중요하게 응용되고 있습니다. 옛날 사람들처럼 귀신을 쫓아내기 위해 쓰이는 대신 주로 통계학에 많이 사용됩니다. 예를 들어 땅의 기름진 정도가 다른 4개의 밭을 만들어서 네 종류의 씨를 뿌리고, 각각 서로 다른 네 종류의 비료를 주었을 때 씨앗들이 어떤 영향을 받는지 분석하는 데 마방진의 원리가 이용되기도 합니다.

특히 반도체 칩에 마방진의 원리가 사용되고 있고, 건축물을 짓는 데도 응용된다고 하니 굉장히 다양한 곳에서 마방진을 찾아볼 수 있지요? 시장 조사나 심리 테스트 같은 여러 분야에서도 다양한 방법으로 활용합니다. 아주 먼 옛날 황하의 물가에서 신비한 용마와 거북이가 가져온 숫자는 오늘날까지도 큰 영향을 미치고 있는 셈입니다.

그렇다면 앞에서 배웠던 원리를 가지고 함께 4차 마방진을 만들어 볼까요? 우선 아래 네모 칸에 1부터 16까지의 숫자를 넣어 보세요. 숫자를 넣어서 가로 4칸의 합과 세로 4칸의 합 그리고 대각선 4칸의 합이 같은 수가 나오게 해야 합니다. 단, 겹치는 숫자가 없어야 합니다.

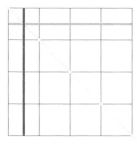

4차 마방진 만들기 1

4차 마방진은 4칸이 네 줄로 이루어져 있으므로, 4×4=16, 모두

16칸으로 만들어졌습니다. 16칸에 들어갈 숫자 1부터 16까지 모두 더해 보세요. 1+2+3+4+5··· +16=136이 됩니다. 그다음 136을 4로 나누면 136÷4=34입니다. 마지막으로 한 줄의 합이 각각 34가 되면 완성입니다.

4차 마방진을 만드는 다른 방법도 알아볼까요?

1	2	3	4
5	6	7	8
9	10	11	12
13	14	15	16

>

1			4
	6	7	
	10	11	
13			16

>

1	15	14	4
12	6	7	9
8	10	11	5
13	3	2	16

4차 마방진 만들기 2

이번에는 가로세로 4칸씩 16칸을 만든 다음 숫자를 차례대로 써 보세요. 그다음 대각선에 해당하는 숫자만 두고 나머지 숫자는 지웁니다. 마지막으로 빈칸의 오른쪽 아래부터 왼쪽 방향으로 숫자를 쓰는데, 대각선에 있는 숫자를 제외한 숫자를 거꾸로 써 보세요.

마방진을 만드는 세 번째 방법입니다. 이번에도 가로 4칸, 세로 4칸으로 16칸을 만들어 다음 그림처럼 작은 수 1부터 4까지 적습니다. 그 위에 큰 수 16부터 13까지 씁니다. 이때 가로의 합이 34가 되게 해야 합니다. 그다음 윗줄과 아랫줄의 숫자를 더하면 다음과 같은 숫자가 나오게 됩니다.

13+1=14   2+14=16   3+15=18   16+4=20

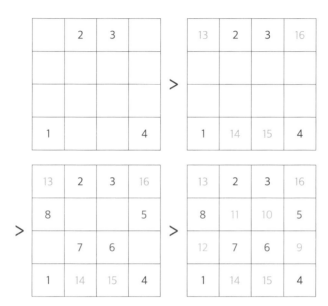

4차 마방진 만들기 3

이제 남은 숫자는 5 6 7 8 그리고 9 10 11 12입니다. 남은 두 줄에 먼저 작은 수부터 차례로 5 6 7 8을 쓰고, 큰 수인 9 10 11 12를 쓰면 완성입니다.

마방진을 직접 만들어 보니 어떤가요? 수학의 신비로움을 잘 느끼는 기회가 되었으면 좋겠습니다.

최초의 인류,
기하학을 만들다

최초의 인류가 가지고 있었던 것

세계 최초의 인류는 누구일까요? 기독교 사상을 바탕으로 하는 서양에서는 아담과 이브라고 대답하겠지만, 우리나라를 포함한 일본이나 중국 같은 한자 문화권에서는 최초의 인류를 다르게 생각하고 있습니다.

동양에서는 최초의 남자를 복희, 최초의 여자를 여와라고 합니다. 복희와 여와라는 이름이 낯설지요? 아마 이 이름을 처음 들어보는 사람도 있을 거예요. 아주 먼 옛날부터 전해지는 이야기에 따르면 복희와 여와는 최초의 사람으로, 두 사람의 관계가 남매라고도 하고 부부라고도 합니다.

그렇다면 중국 고대 신화에 등장하는 복희와 여와는 어떻게 생겼을까요? 지금 우리 인류와는 조금 다르게 생겼습니다. 두 사람 모두 몸의 윗부분은 사람 모습인데, 아랫부분은 뱀의 모습입니다. 요즘 사람들은 뱀을 징그럽게 생각하지만, 옛날에는 무척 신성하고 영험한 동물이라고 여겼습니다.

복희와 여와가 남자와 여자의 모습으로 윗부분이 나눠져 있지만 몸 아랫부분인 뱀의 몸체는 나선 모양으로 꼬여 하나로 연결되어 있습니다. 그리고 복희와 여와의 머리 위에는 태양과 별이 있고 아래에는 달과 별이 그려져 있습니다. 복희가 남자고 여와는 여자라서 복희는 양, 여와는 음을 상징합니다.

두 사람의 모습에서 눈에 띄는 것이 있습니다. 복희는 왼손에 ㄱ자 모양의 '구'라고 하는 직각자를 가지고 있고, 여와는 오른손에 '규'라고 하는 원을

복희와 여와

그리는 도구를 가지고 있습니다. 우리가 수학 시간에 자주 사용하는 컴퍼스라고 보면 되겠지요.

최초의 인류인 복희와 여와는 왜 다른 도구도 아닌 직각자와 컴퍼스를 가지고 있었을까요? 그렇다면 이 두 물건을 어디에 사용했을까요? 얼핏 생각하면 그렇게 중요한 물건이 아닐 것 같지만, 직각자와 컴퍼스만 있어도 여러 가지 도형을 만들 수 있습니다.

직각자와 컴퍼스로 만드는 세상의 모든 도형

직각자와 컴퍼스만 있으면 세상의 모든 도형을 만들 수 있다니, 믿기지 않지요? 우리 한번 만들어 볼까요?

먼저 직각자는 수평과 수직을 잴 수 있고 선을 똑바로 그을 수 있습니다. 컴퍼스는 원을 그리는 것뿐만 아니라 선분의 길이를 그대로 복사해서 옮기는 데 사용할 수도 있지요. 게다가 두 점 사이의 곡선을 그릴 수도 있습니다. 원은 중심부터 바깥 둘레까지의 거리가 모두 같기 때문에 이것을 응용하면 여러 가지 도형을 만들 수 있습니다.

예를 들어 두 선이 서로 직각으로 만나면 빗변이 생겨서 삼각형이 만들어지는데, 이것이 바로 직각 삼각형입니다. 그럼 이제부터

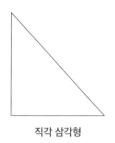

직각 삼각형

컴퍼스와 직각자를 가지고 다른 도형을 만들어 볼까요?

성삼각형을 만들어 봅시다.

정삼각형 만드는 과정

① 직선을 가로로 그어 줍니다.

② 직선의 양 끝점에서 반지름이 같은 두 원을 그립니다.

③ 앞서 그린 직선 및 두 원이 만나는 점과 맞닿도록 위에 원을 하나 그린 다음, 가운데 원의 끝점과 양쪽 직선의 끝을 이어 줍니다.

④ 정삼각형을 만듭니다.

이번에는 삼각형이 아닌 다른 도형도 만들어 볼까요?

정육각형을 만들어 봅시다.

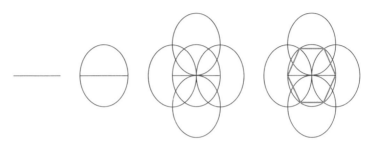

정육각형 만드는 과정

① 가로로 직선을 그어 줍니다.

② 그린 직선을 지름으로 하는 원을 컴퍼스로 그립니다.

③ 컴퍼스로 방금 그린 원의 중심에서 바깥으로 지름이 같은 4개의 원을 위아래와 양옆으로 그립니다.

④ 처음 그린 원의 중심과 양옆으로 원이 맞닿는 두 점을 직선으로 모두 이어 줍니다.

⑤ 4번에서 그린 직선과 1번에서 그린 직선의 양끝을 서로 연결합니다.

⑥ 정육각형을 완성합니다.

기하학이 왜 필요할까?

정삼각형과 정육각형 외에도 직각자와 컴퍼스가 있으면 여러 가지 모양의 도형을 만들 수 있습니다. 다양한 도형을 만드는 것이 어떤 의미가 있을까요? 도형이야 주변에서 흔히 볼 수 있는 것이라 '도형을 만드는 일이 뭐가 특별할까?'라고 생각할 수 있습니다.

집 책상 수레 논 밭 강 등 세상에 존재하는 모든 것은 삼각형 사 각형 오각형 원형을 비롯한 다양한 도형으로 이루어져 있습니다. 그래서 도형을 가지고 면적과 부피, 거리를 계산할 수 있지요. 옛날이나 지금이나 도로나 건축 같은 생활의 여러 가지 면에서 다양하게 활용할 수 있습니다.

도형을 만들고 연구하는 학문을 기하학이라고 합니다. 기하학은 이름만 들어 보면 뭔가 재미없고 따분해 보입니다. 기하학은 수학 중에서도 가장 오래된 분야입니다. 점이나 직선과 곡선, 면과 부피 등의 성질을 연구하는데, 동서양의 여러 문명에서 강의 너비나 깊이 등을 재고 토지를 측량하며 건축할 때 많이 활용합니다. 그래서 기하학은 아주 오래전부터 시작되어 지금까지도 계속해서 발전하고 있습니다.

그리스의 유명한 철학자 플라톤은 기하학을 정말 중요한 학문이라고 생각했습니다. 플라톤이 세운 '아카데메이아'라는 학교의

입구에는 "기하학을 모르는 자는 이 문으로 들어오지 말라"라는 글귀가 쓰여 있었다고 합니다. 기하학을 모르면 학문을 할 자격이 없다고 생각한 것이지요. 기하학은 논리적으로 생각하고 증명하는 과정을 거쳐야 했습니다. 그래서 수학은 물론이고 철학에서도 무척 중요하게 다루었어요.

기하학은 우리 생활과도 밀접한 관련이 있습니다. 예를 들어 집을 짓는다고 생각해 볼까요? 먼저 집을 지으려면 네모난 집을 지을 것인지, 둥근 집을 지을 것인지, 오각형 모양의 집을 지을 것인지 정해야 합니다. 공간을 도형으로 만들어서 모양이나 치수, 위치 같은 것을 알아내야 하기 때문이지요. 이렇게 집을 하나 지으려고 해도 기하학이 필요합니다.

농사를 지을 때도 중요합니다. 논과 밭의 모양을 알아야 하기 때문입니다. 옛날에는 논과 밭의 모양에 따라 그 면적을 구하고 그에 따라 세금을 매겼습니다. 논밭을 사고팔 때도 정확한 면적을 알기 위해서는 기하학이 필요했죠. 또 도형을 이리저리 배치하며 옷의 무늬를 만드는 경우에도 기하학이 사용되는 등 우리의 생활 속에서 알게 모르게 많이 활용되고 있습니다.

복희와 여와는 인간이 태어나서 살아가는 데 기하학이 중요하다는 것을 알았기 때문에 손에 직각자와 컴퍼스를 들고 있었던 것이 아닐까요?

구구단을 외자,
구구단을 외자

구구단을 외워야 하는 이유

2011년, 백제의 수도가 있었던 충청남도 부여의 어느 도랑에서 나무토막 하나가 발견되었습니다. 이 나무토막에는 먹으로 숫자가 빽빽하게 적혀 있었습니다. 자세히 살펴보니 $9 \times 9 = 81$부터 차례로 구구단이 적혀 있는 구구표였습니다.

이 나무토막의 길이는 30센티미터이고 너비는 5.5센티미터 정도이며, 모

백제 구구단 목간

양은 직각 삼각형으로 손에 쥐고 보기에 적당했습니다. 현재 이 구구표는 국립 부여 박물관에 전시되어 있으니 실물을 보고 싶다면 박물관에 방문하면 좋겠습니다.

어떤 사람들은 삼국 시대에도 구구단을 사용했다는 것이 신기하다고 말하지만, 기본적인 계산을 하려면 구구단을 외워야 했습니다. 구구단을 모른다면 계산하는 데 많은 시간이 걸리고, 결과가 틀리기 쉽기 때문입니다.

산수를 하기 위해서는 제일 먼저 더하기를 배우고 그다음에 빼기를 배웁니다. 더하기와 빼기를 다 마치면 곱하기와 나누기를 배우죠. 곱하기를 하려면 먼저 외워야 할 것이 있습니다. 바로 구구단입니다. 2개의 숫자를 곱한 곱셈표를 구구단이라고 하지요. 우리가 외우는 구구단은 $2 \times 1 = 2$ $2 \times 2 = 4$ $2 \times 3 = 6$ $2 \times 4 = 8$ 이렇게 2단부터 시작해서 $9 \times 9 = 81$까지 있습니다.

만약 구구단을 외우지 않고 곱하기를 하려면 어떻게 할까요? 예를 들어 9가 아홉 번 반복되는 숫자를 찾기 위해서는 9를 아홉 번이나 더해야 합니다. 하지만 $9 \times 9 = 81$을 외우고 있다면 금방 81이라는 답을 알 수 있습니다.

옛날 사람들도 구구단을 외우지 않으면 계산하는 데 많은 시간이 걸리고 틀리기 쉽다는 것을 알았기 때문에 노래처럼 부르면서 외웠습니다. 지금은 구구단이라고 부르지만 옛날에는 '구구법'이라고 했고, 노래로 부를 때는 노래 '가(歌)' 자를 써서 '구구가'라고 불렀습니다.

지금과 다른 것은 우리는 2단부터 9단까지 외우지만, 옛날에는 9단부터 1단까지 외웠습니다. 지금과는 반대지요? 구구표에서는 답이 겹치는 경우에 하나를 생략하기도 했습니다. 예를 들어 $6 \times 5 = 30$이 있으니 5단에서 $5 \times 6 = 30$은 외우지 않았던 것이지요.

조선 시대의 수학자 홍정하의 수학책 『구일집』이나 최석정이 지은 수학책 『구수략』에는 $1 \times 1 = 1$부터 $9 \times 9 = 81$까지 정리되어 있습니다. 1단은 외우지 않아도 알 수 있지만, 숫자의 시작을 나타내기 때문에 실어 놓았습니다.

그렇다면 구구법은 언제 처음 생겼을까요? 언제부터 구구법을 사용했는지 정확하게 알 수 없지만, 중국 한나라에서 사용한 구구법이 남아 있습니다. 문자를 기록한 나무 조각인 목간에 남아 있는 이 구구법은 $9 \times 9 = 81$에서 시작하여 $2 \times 2 = 4$에서 끝납니다.

그러다가 5세기에 중국에서 만들어진 『손자산경』이라는 수학책에는 $9 \times 9 = 81$에서 $1 \times 1 = 1$까지 기록되어 있었고, 원나라 때부터는 1단부터 시작해서 9단까지 기록되어 있습니다. 이것을 보면 아주 오래전부터 구구법을 이용해서 복잡한 계산을 쉽고 빠르게 했다는 것을 알 수 있습니다.

나누기도 노래로 외워 봅시다!

구구법을 외우면 곱하기가 쉬워지는데, 나누기를 쉽게 하려면 어떤 방법이 있을까요? 옛날에 곱셈을 쉽고 빠르게 하기 위해 구구법을 외워 노래로 불렀던 것처럼 나눗셈도 나눗셈표를 외워서 노래로 불렀습니다. 그것을 '구귀법'이라고 하는데, 다른 말로는 '구귀제법' 또는 '귀제법'이라고 합니다. 구귀법을 노래로 부르는 것은 '구귀구결'이라고 했습니다. 나눗셈의 구구단이라고 생각하면 됩니다.

구구단만 외워도 곱하기가 쉬워지는데, 구귀법을 외우면 나누기도 복잡한 계산 없이 할 수 있었겠지요? 예를 들어 구귀법의 6단 중에서 하나를 살펴볼까요? 그림에 표시된 6단에서 '6(六) 5(五) 8 10 2(八十二)'라는 숫자가 보입니다. 이것은 50을 6으로 나눌 경우 몫

九歸口訣

一退不須改
二一添作五　逢二進一十
三一三十一　三二六十二　逢三進一十
四一二十二　四二添作五　四三七十二　逢四進一十
五一倍作二　五二倍作四　五三倍作六　五四倍作八　逢五進一十
六一下加四　六二三十二　六三添作五　六四六十四　六五八十二　逢六進一十
七一下加三　七二下加六　七三四十二　七四五十五　七五七十一　七六八十四　逢七進一十
八一下加二　八二下加四　八三下加六　八四添作五　八五六十二　八六七十四　八七八十六　逢八進一十
九一下加一　九二下加二　九三下加三　九四下加四　九五下加五　九六下加六　九七下加七　九八下加八　逢九進一十

구귀구결

은 8이고 나머지가 2라는 뜻입니다. 이때 나머지 2를 표시하기 위해 몫과 나머지를 8 10 2(八十二)로 표시한 것입니다. 이렇게 구귀법을 외우고 있다면 하나하나 직접 계산을 하지 않아도 그 몫과 나머지를 알고 있기에 쉽게 나눗셈을 할 수 있습니다.

9단까지 곱셈표뿐만 아니라 나눗셈표까지 외우고 노래로 불렀다니 조상들의 수학 능력이 정말 뛰어나다고 생각되지 않나요?

구구단으로 보는 세상

예전에 본 드라마에서 세종대왕이 시간 여행을 통해 현대에서 온 학생에게 구구단을 배우는 모습이 나왔습니다. 조선 시대 최고의 과학자라고 할 수 있는 세종대왕이 구구단을 외우지 못하는 장면이 나와서 깜짝 놀랐습니다.

오늘날에도 구구단은 꼭 배우는 것이기 때문에 구구단이 현대에 사용하기 시작한 방법이라고 생각하기 쉽습니다. 그러나 살펴보았듯이 구구단은 그 역사도 오래되었고 과거에도 누구나 쉽게 배우고 익히는 것이었습니다.

기원전 260년에 중국 제나라의 환공이 매일 밤 횃불을 켜 놓고 훌륭한 인재가 찾아오기를 기다리고 있었습니다. 그러나 일 년이

지나도록 아무도 오지 않았습니다. 그때 어떤 시골 사람이 자신은 구구단을 외우는 능력이 있다며 환공을 찾아왔습니다. 환공은 구구단은 누구나 쉽게 외우는 것인데, 그것을 무슨 대단한 능력처럼 내세우냐고 핀잔을 주었습니다.

그러자 시골 사람은 구구단을 외우는 것이 비록 하찮은 재능이지만 왕이 대단하지 않은 능력을 가진 시골 사람까지 만나 준다는 소문이 나면 앞으로 훌륭한 인재가 많이 올 것이라고 대답했습니다. 환공이 대답을 듣고 좋은 생각이라며 시골 사람을 잘 대접해 주자 한 달 만에 훌륭한 인재들이 몰려들었습니다. 이 이야기를 들어

이팔청춘 2X8=16

삼칠일 3X7=21

이팔청춘과 삼칠일

보면 아주 먼 옛날에도 구구단은 누구나 쉽게 외우고 있었다는 것을 알 수 있습니다.

춘향이가 이몽룡을 처음 만났을 때 나이가 이팔청춘이었고, 아기가 태어나면 삼칠일 동안 외부 사람을 만나면 안 된다는 말이 있습니다. 28살이면 조선 시대에 청춘이라고 하기에 너무 많아 보이지 않을까요? 그렇습니다. 이팔청춘에서 이팔은 $2 \times 8 = 16$으로, 16살을 말합니다. 또 삼칠일도 $3 \times 7 = 21$일로, 21일을 말하는 것입니다. 이렇게 일상 곳곳에서 쓰는 말에도 들어 있는 것처럼 오래진부터 구구단이 널리 사용되었음을 알 수 있습니다.

3.14보다 정확한
원주율

둥근 밭의 면적을 구하려면

매년 3월 14일은 무슨 날일까요? 대부분의 사람은 좋아하는 사람에게 사탕을 주는 날인 화이트 데이라고 알고 있을 거예요. 그러나 수학을 좋아하는 사람에게 물으면 3월 14일을 '파이 데이'라고 말합니다. 여기에서 파이는 사과파이나 호박파이가 아니라, 원의 면적을 구할 때 꼭 필요한 π(파이)를 말합니다.

그런데 왜 파이 데이는 3월 14일이 되었을까요? 파이가 처음 만들어진 날일까요? 3월 14일에 대한 비밀을 풀기 위해서는 먼저 파이의 값이 무엇인지 알아야 합니다. 현재 파이 값은 3.14로 정리되어 있습니다. 3.14159까지 안다면 파이에 대해 정말 잘 아는 사람입니다. 파이 데이는 파이 값이 3.14이기 때문에 3월 14일로 정해진 것이죠.

그렇다면 파이는 언제 처음으로 사용되었을까요? 인간이 살아가는 데 필요한 집이나 물건, 논밭 들은 모두 사각형으로만 되어 있지 않습니다. 둥근 지붕도 있고, 동그란 연못도 있고, 동그란 그릇도 있습니다.

둥근 것의 넓이를 정확하게 계산하려면 원주율을 알아야만 합니다. 원주율은 곧 원둘레의 비율을 말하는데, 원주율이 바로 파이입니다.

인류는 무려 기원전 2000년부터 원주율을 사용해 왔습니다. 원주율을 'π'라는 기호로 처음 사용한 사람은 영국의 수학자 윌리엄 존스입니다. 1706년 윌리엄 존스가 자신의 저서에서 기호 π로 원주율을 나타내기 시작했습니다. 그렇다면 동양에서는 언제부터 원주율을 사용하기 시작했을까요?

동양은 농경 사회였습니다. 사람들은 대부분 농사를 짓고 살았지요. 농사를 지으려면 토지가 필요한데, 이 토지의 정확한 면적을 알고 있어야 합니다. 면적이 옆집보다 적은데 세금을 더 많이 낸다면 얼마나 억울할까요? 또 땅을 구입했는데 알고 보니 땅의 면적보다 더 많은 비용을 지불했다면 손해를 보겠지요. 그래서 사람들은 옛날부터 정확한 면적을 계산하기 위해 아주 열심히 수학을 발전시켰습니다.

조선 시대 수학책에 있는 문제를 하나 풀어 볼까요?

문제: 눈썹 모양의 밭이 있는데 허리 부분의 너비가 5보, 바깥 현이
54보, 안쪽 현이 40보이면 밭의 넓이는 얼마일까요?

쓰는 말이 지금과 달라서 문제가 벌써 어려워 보이지요? 함께
살펴봅시다. 옛날에는 길이의 단위를 사람의 발걸음을 기준으로
하는 '보(步)'를 썼습니다. '보'는 한 걸음을 뜻하는 말입니다.

문제를 해석하면 '눈썹 모양의 밭이 있는데 가운데 너비가 5보
이고 바깥 원의 길이가 54보, 안쪽 원의 길이가 40보라면 이 눈썹
모양의 밭의 면적은 얼마인가?' 라는 뜻입니다. 이제 문제를 다시
보니 처음 보았을 때처럼 어려워 보이지는 않지요?

문제를 이해했지만, 눈썹 모양의 밭의 면적을 계산하는 일이 쉽
게만 느껴지지는 않습니다. 네모반듯한 모양의 밭은 가로와 세로

의 길이를 곱하면 면적이 나오니까 금방 답을 구할 수 있지만, 눈썹 모양의 밭 면적은 어떻게 구해야 할지 막막합니다. 원형이 있기 때문이지요. 그래도 원주율의 값을 알면 금방 답을 구할 수 있으니 그 값을 구하는 것이 가장 중요합니다. 그럼 파이 값을 구하는 방법을 알아볼까요?

원주율의 값을 구하라

과거 중국에서는 오랫동안 원주율 값 3을 사용했는데, 이것을 고율이라고 불렀습니다. 옛 '고(古)' 자와 비율 '율(率)' 자를 쓰지요. 옛날식 원주율이라고 생각하면 됩니다. 언제, 누가 처음 만든 것인지 정확하게 알 수 없지만, 오랫동안 고율을 원주율 값으로 사용했습니다.

그러나 고율은 현재 파이 값 3.14와 0.14의 차이가 발생합니다. 그래서 정확도가 떨어지기 때문에 고율의 오차를 조금이라도 줄이기 위해서 더욱 정확한 원주율을 다시 계산해야 했습니다.

그렇게 다시 만든 원주율이 휘율입니다. 휘율 값은 3.14로, 지금 사용하는 파이 값과 비슷합니다. 3세기에 중국 위나라 수학자 유휘가 원주율 3.14를 구했는데, 유휘의 이름을 따서 '휘율' 또는 '유휘

원에 내접하는 정다각형

율'이라고도 부릅니다.

　유휘는 오래전에 어떻게 현재와 유사한 원주율 값을 구할 수 있었을까요? 유휘는 할원술이라는 방법을 사용해 값을 구했습니다. 할원술은 나눌 '할(割)' 자와 둥글 '원(圓)' 자를 써서 원을 나눠 계산하는 방법이라는 뜻입니다. 처음에는 원 안에 내접하는 정육각형을 그린 후에 그 각을 점점 늘리다 보면 조금씩 원에 가까워지게 되는 방법입니다.

　유휘는 정192형까지 만들어서 원주율 값 3.14를 찾아냈습니다. 전자계산기도 없던 시절에 정192형을 만들면서 그 값을 계산하기가 얼마나 어렵고 힘들었을까요? 정확한 원주율 값을 구하기 위해 끝없이 노력한 것에 감탄할 수밖에 없습니다. 3세기에 유휘가 구한 원주율 값은 세계 최초로 계산한 원주율 값이었습니다.

정밀한 원주율을 구하라

　3세기에 유휘가 오늘날과 가장 근접한 원주율 값을 계산한 이후에 누가 또 계산에 도전했을까요? 바로 중국 남북조 시대에 살았던 유명한 수학자이며 천문학자인 조충지가 그 뒤를 이었습니다.

"원주율 값은 3.1415926과 3.1415927 사이에 있다. 정밀한 값은 $\frac{366}{113}$이고 간단한 값은 $\frac{22}{7}$이다."

조충지는 원주율 값에 대해 이렇게 말했습니다. 소수점 밑으로 일곱 자리까지 계산을 한 것입니다. 정밀하게 계산한 값과 간단하게 계산한 값 두 가지로 원주율 값을 구했습니다. 그가 구한 값은 정밀하다는 의미로 '밀율'이라고 하는데, 조충지가 구한 원주율 값이라고 해서 '조충지율'이라고도 불렀습니다.

조충지가 구한 밀율의 값은 3.14159입니다. 현대의 원주율 값에 근접합니다. 정밀하게 값을 구했다는 것을 알 수 있지요. 옛날에 어떤 방법으로 이렇게 정확한 원주율 값을 구할 수 있었을까요? 앞에 나왔던 유휘보다 더 좋은 방법을 사용한 것일까요?

조충지도 유휘가 만들어 낸 할원술의 방법을 이용하면서 여기에 다른 방법을 추가했습니다. 유휘가 원에 내접하는 다각형으로 원주율 값을 구했다면, 조충지는 원에 내접하는 다각형과 외접하는 다각형을 만들어 그 값을 더 정확하게 계산하려고 했습니다. 다시 말하면, 원 밖에도 다각형을 그리고 원 안에도 다각형을 그려 그 오차를 더 줄여 보려고 한 것입니다.

조충지가 이 방법을 처음 사용한 사람은 아님

원의 내접과 외접 정다각형

니다. 기원전 250년에 그리스의 수학자 아르키메데스도 이 방법을 사용했습니다. 아르키메데스는 목욕탕에서 욕조의 물이 넘치는 것을 보고 부력의 원리를 발견하면서 '유레카!'를 외쳤던 유명한 과학자이지요.

아르키메데스는 처음으로 원주율을 계산했던 인물입니다. 물론 조충지는 아르키메데스를 알지 못한 상태에서 유휘가 사용한 할원술을 더 정밀하게 응용하면서 원주율 값을 구했습니다. 조충지는 계속해서 기존의 연구 방법을 공부하며 정확한 원주율 값을 구하기 위해 노력했습니다.

유휘가 정192각형을 그려서 값을 구했다면 조충지는 몇 각형까지 그려 봤을까요? 조충지는 24,576각형을 그리고 천 번 이상 계산을 해서 값을 구했다고 합니다. 24,576각형이라고 하면 거의 원이라고 보아도 될 정도지요. 정확한 원주율 값을 구하기 위한 조충지의 집념이 정말 대단하죠?

조충지가 살았던 시대에는 전자계산기나 컴퓨터가 없었는데 그 복잡한 계산을 어떻게 했을지 궁금하지 않나요? 더구나 정다각형의 변을 계속 늘려 가면서 그림을 그리고, 그것을 소수점 이하의 숫자까지 계산했다는 것이 믿어지지 않습니다. 컴퓨터 없이 이런 복잡한 계산하는 것이 과연 가능할까요?

조충지는 오래전부터 사용했던 산가지로 계산을 했습니다. 산

산가지

가지는 '계산하는 나뭇가지'라는 뜻으로, 나무 막대기를 가로세로로 늘어 놓으면서 단위와 숫자를 표시하는 도구입니다.

산가지만으로 소수점까지 복잡한 계산을 완벽하게 마쳤다니, 보통 사람의 실력으로는 불가능한 일처럼 보입니다. 그러나 정확한 원주율 값을 구하겠다는 조충지의 집념과 노력이 불가능할 것 같은 일을 가능하게 만들어 냈습니다.

나중에 서양에서 들어온 원주율은 새로울 '신(新)' 자를 써서 신율'이라고 불렀는데, 그 값은 3.14159입니다. 그러니 조충지는 서양에서 원주율이 들어오기 전부터 더 정밀한 원주율 값을 계산했던 것입니다.

수학 또는 과학 이론이나 기술은 서양이 동양보다 앞선다고 생각하는 사람들이 많습니다. 그러나 수학은 인류가 문명 생활을 시작하면서부터 필요한 학문이었습니다. 그러다 보니 오랜 역사를 가진 동양에서도 수학에 대한 필요성을 느껴 꾸준히 연구해 왔고, 발전했습니다.

조충지가 구한 정밀한 원주율인 밀율로 인해 동양에서 수학은 새롭게 발전하기 시작했습니다. 조충지의 밀율을 다른 말로 '조율' 이라고도 불렀습니다. 조충지의 성이기도 하고, '조'라는 글자에 '할아버지', '조상'이라는 뜻이 있기 때문에 '원주율의 할아버지'라는 뜻으로 그렇게 부른 것입니다. 그만큼 조충지의 밀율은 대단한 가치를 지닌 것이지요.

조충지는 세계 최초로 원주율의 숫자를 소수점 일곱 자리 이상 구한 수학자로 인정받았습니다. 그렇다면 왜 동양과 서양에서는 원주율의 정확한 값을 구하려고 노력했을까요?

음식을 담는 동그란 그릇이나 수레의 바퀴나 저 하늘의 달은 모두 원형입니다. 원은 크기와는 상관없이 원둘레와 원지름이 일정한 비율을 가지고 있습니다. 그것이 바로 원주율 3.14입니다. 그런데 밥그릇의 원과 하늘의 달은 똑같은 원형이지만, 원주율 값이 정확하지 않으면 크기가 커질수록 오차가 커지게 됩니다. 예를 들어 10센티미터짜리 원과 15센티미터짜리 원의 면적을 구할 때는 원주율 값이 정확하지 않아도 작은 오차에 그치지만, 10센티미터 원과 10킬로미터 원의 면적을 구하는 경우에는 오차의 수치가 커지게 됩니다.

만약 건물을 지을 때 아주 큰 오차가 생긴다면 전체 건물의 구조와 안전에 심각한 문제가 생길 수 있습니다. 그런데 조충지의 밀율로 계산을 하면 반지름이 10킬로미터일 경우 현대의 값으로 구했을 때와 오차가 5밀리미터 정도에 불과합니다.

지금도 원주율 값은 계속 계산되고 있습니다. 1949년 최초의 컴퓨터인 에니악이 소수점 이하 2,037의 자리까지 계산했고, 일본의 쓰쿠바 대학에서는 소수점 이하 2조 5,769억 8,037만 자리까지 계산을 했습니다.

이제는 사람이 아닌 컴퓨터가 계산하는데도 이 계산은 끝나지 않고 있습니다. 그 이유는 무엇일까요? 바로 원주율 값이 소수점 이하의 숫자가 반복되지 않는 무리수이기 때문입니다. 그래서 지금도 끝없이 원주율 값의 소수점 이하 숫자는 늘어 가고 있습니다.

세계 최고의 원주율 전문가, 조충지

정밀한 원주율 값을 밝혀낸 조충지는 어떤 인물일까요? 조충지는 429년에 중국에서 태어났습니다. 어릴 때부터 뛰어나게 총명해서 공부하고 연구하는 것을 좋아했는데, 특히 천문학과 수학, 철학 등에 관심이 많았습니다.

조충지의 집안은 대대로 천문학자 집안이었습니다. 그래서 조충지의 아버지는 어린 조충지에게 수학과 천문학 등을 가르쳤습니다. 또 할아버지 조창은 송나라의 여러 가지 토목건축 사업을 맡아 진행하는 사람이었습니다. 그런 할아버지의 영향 때문인지 조충지는 기계를 다루는 일도 잘했습니다.

조충지는 빠르게 운행하는 배를 만들어 천리선이라고 이름 지었는데, 양자강에서 실험해 보니 하루에 100리를 갈 수 있었다고 합니다. 그리고 언제나 남쪽을 가리키는 수레인 지남거와 제갈량이 만들었다는 소와 말의 모양을 한 자동 기계인 목우유마를 연구하여 인력 없이도 자동으로 운행하는 기계를 만들기도 했습니다.

그런 집안에서 자란 조충지는 언제나 밤하늘을 바라보면서 해와 달과 별의 움직임을 관찰하고 기록했습니다. 날마다 하늘의 변화를 기록해서 그것을 연구하는 일이 천문학이니, 조충지는 훌륭한 천문학자가 될 소질이 있었던 것이죠.

조충지는 나라를 위해 천문학을 연구하는 것이 자신의 일이라고 생각하고 더욱 열심히 노력했습니다. 조충지의 뛰어난 능력을 알아본 송나라 효무제는 조충지를 불러서 더욱 열심히 연구하도록 격려했습니다.

462년, 33살의 조충지는 새로운 역법인 대명력을 만들었습니다. 역법은 하늘에 있는 천체의 운행을 관측한 뒤 시간과 날짜 등을 계산해서 달력을 만드는 것입니다. 때에 맞춰 농사를 잘 지으려면 정확한 달력이 필요했고, 이 달력을 만들기 위해서는 하늘을 열심히 관측해야 했습니다.

조충지는 백성들이 농사를 잘 지어 잘 먹고 잘 살게 하기 위해 오차가 적은 달력을 만들고 싶었습니다. 그래서 기존에 사용하던 달력을 연구하고 계산하여 더욱 정밀한 새로운 역법을 만들게 된 것입니다.

연구를 하다 보니 동지가 사십오 년마다 1도씩 물러나는 것도 알게 되고, 144개의 윤달이 있다는 것도 밝혀냈습니다. 원주율을 정확하게 계산해 내는 그 능력과 노력이 달력 만드는 데도 그대로 쓰인 것이지요. 조충지는 일 년이라는 시간도 365일이 아니라, 365.24281481일이라는 것을 밝혀냈습니다. 이 계산은 지금의 기술로 알아낸 시간과 비교하면 50초 차이밖에 나지 않습니다.

그러나 이렇게 정교한 달력인 대명력은 조충지가 살아 있는 동안에는 사용되지 못했습니다. 효무제가 조충지의 대명력을 사용하려고 했지만, 고위 관료들이 이 달력을 써도 될지 말지 다투느라 조충지가 세상을 떠나고 십 년이 지난 후에야 사용할 수 있었습니다.

우리는 밤하늘을 보면 조충지를 볼 수 있습니다. 왜냐고요? 그건 바로 달에 조충지의 이름을 딴 분화구가 있기 때문입니다. 달의 분화구 중 5개에는 중국의 과학자 다섯 명의 이름을 붙였습니다. 그중에 원주율 값을 3.1622로 구한 장형도 있습니다. 원주율의 대가 두 사람이 함께 달에 있으니 지금도 여전히 더 정확한 원주율의 값을 계속 구하고 있지는 않을까요?

피타고라스보다
먼저 태어난 구고법

한 변의 길이는 얼마일까?

문제 ①: 구의 길이가 3척이고 고의 길이가 4척이라면 현의 길이는
얼마일까요?   정답: 5척

문제 ②: 현의 길이가 5척이고 구의 길이가 3척이라면 고의 길이는
얼마일까요?   정답: 4척

문제 ③: 고의 길이가 4척이고 현의 길이가 5척이라면 구의 길이는
얼마일까요?   정답: 3척

자, 앞의 세 가지의 문제를 함께 살펴봅시다.

문제에서는 각각 구와 고와 현의 길이를 묻고 있습니다. 3개 중에 2개를 알았을 경우 나머지 하나를 구하는 문제입니다. 여기에서 고와 구와 현이 무엇일까요? 이름이 낯설지만, 그림을 보면 바로 이해할 수 있을 거예요.

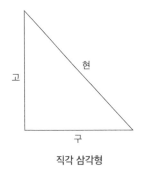

직각 삼각형

옛날에는 직각 삼각형의 높이를 고, 밑변을 구, 빗변을 현이라고 불렀습니다. 지금 사용하는 용어와 다르긴 하지만 직각 삼각형의 높이와 밑변을 가지고 빗변의 길이를 구하는 방법은 같습니다.

앞의 문제는 중국의 오래된 수학책인 『구장산술』이라는 책의 구고편에 실린 문제입니다. 구고는 구와 고를 각각 제곱하여 더한 값을 구하면 빗변인 현의 제곱의 값을 구할 수 있는 방법을 말합니다. 이것을 '구고법' 또는 '구고현법'이라고 부릅니다.

이름이 한자로 되어 있어 어렵게 느껴지지만 결국 우리가 알고 있는 피타고라스의 정리와 같은 내용이라고 생각하면 됩니다. 피타고라스의 정리는 직각 삼각형에서 직각을 끼고 있는 두 변의 제곱의 합이 빗변 길이의 제곱과 같다는 내용으로, 구고법에서 직각 삼각형으로 값을 구하는 내용과 같은 의미라고 볼 수 있습니다.

동양에서는 중국의 진평이라는 사람이 피타고라스보다 천 년

정도 먼저 이 원리를 찾아냈습니다. 진평은 해의 높이와 크기, 빛이 비치는 범위, 하루에 해가 운행하는 거리, 사람들이 대상을 바라보는 범위, 극지까지의 거리, 별자리와 우주의 크기를 알았다고 합니다. 사람들이 어떻게 그것들을 모두 알 수 있는지 그 방법을 가르쳐 달라고 하자 산수를 잘 이해하면 누구라도 풀 수 있다고 말했습니다. 『구장산술』에서는 구고법을 이용해서 앞에 나온 쉬운 문제부터 복잡하고 어려운 문제까지 풀 수 있게 설명하고 있습니다.

구고법은 삼국 시대에도 사용되었습니다. 삼국 시대의 역사를 기록한 『삼국사기』에는 『구장산술』을 수학 교재로 사용했다는 설명이 있습니다. 조선 시대에도 수학책마다 구고법을 중요하게 다루었으며, 구고법을 따로 특별하게 다루어 설명하는 책도 있을 정도였습니다.

구고법으로 계산하기

앞의 그림은 구고법으로 계산하는 여러 가지 방법을 나타낸 것인데, 조선 시대 수학책인 『주서관견』에 실려 있습니다. 직각 삼각형 안에 있는 정사각형이나 직각 삼각형 안에 있는 원형, 직각 삼각형으로 사각형이나 반원형의 길이와 넓이를 계산하는 방법을 설명하고 있습니다. 구고법의 원리를 잘 이용하면 얼마든지 다른 도형의 길이나 넓이도 알 수 있으니 구고법이 얼마나 중요한 것인지 이제 알겠지요?

높고, 깊고, 넓고, 먼 것을 다루는

구고법은 왜 필요할까요? 『구장산술』에는 "구고법으로 높고, 깊고, 넓고, 먼 것을 다룬다"고 밝혀 놓았습니다. 구고법을 이용하면 높이와 깊이, 넓이와 거리를 계산할 수 있다는 뜻입니다. 그렇다면 구고법으로 어떤 것을 계산했을까요?

앞서 말했지만, 대부분 농사를 짓던 시절에는 논밭의 크기를 정확하게 아는 것이 무척 중요했습니다. 그 크기에 따라 생산되는 곡식의 양이 정해지기 때문입니다. 논밭이 크면 수확하는 곡식이 많아지니까 세금도 많이 내야 합니다. 그래서 논밭의 크기를 정확하게 재야 하는데, 이때 구고법이 유용하게 사용되었습니다.

밭의 크기를 잴 때 사각형이면 계산하기가 쉽습니다. 가로 길이와 세로 길이를 곱하면 바로 면적이 나오기 때문이지요. 그러나 세상의 밭이 모두 사각형으로 생기지는 않았습니다. 찌그러진 모양이나 눈썹 모양의 밭도 있어서 정확한 밭의 크기를 재려면 여러 가지 방법을 사용해야 합니다. 앞서 원주율을 이용해 구하는 방법이 있기도 했죠.

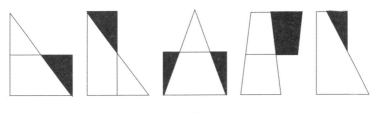

직각 삼각형 응용

그중에서도 위 그림처럼 생긴 밭의 경우 직각 삼각형을 이용한 구고법을 사용하면 밭의 면적을 정확하게 구할 수 있습니다. 그래서 억울하게 세금을 더 많이 내거나 밭을 사고팔 때 손해를 입지 않을 수 있습니다.

구고법은 밭의 넓이를 구하는 것뿐만 아니라 건축물의 높이나 면적, 둘레를 구할 수도 있고, 멀리 떨어져 있는 거리를 직접 가지 않고도 그 길이를 계산할 수 있도록 해 줍니다.

문제: 정사각형 모양의 성의 각 면 중앙에는 문이 있습니다. 동쪽 문에서 360걸음을 걸어가면 나무가 한 그루 서 있습니다. 어떤 사람이 남쪽 문에서 62걸음 반을 걸어가면 그 나무가 보입니다. 성의 한 변의 길이는 얼마일까요?

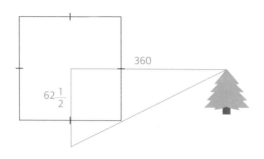

이 문제를 풀려면 360걸음을 직각 삼각형의 긴 변으로 삼고, 62와 2분의 1걸음을 짧은 변으로 삼아서 직각 삼각형의 모양으로 만들어 구고법을 이용해 빗변의 길이를 구하면 됩니다. 이렇게 한 변의 길이를 모르더라도 직각 삼각형의 형태를 만들어 구고법을 이용하면 어떤 형태의 길이도 구할 수 있습니다.

구고법으로 태양의 지름을 알 수 있을까?

구고법으로 다양한 형태의 길이나 높이, 넓이 등을 구할 수 있습니다. 밭의 넓이, 건물을 지을 때 높이나 각도, 도로를 만들 때 거리를 계산하는 데 많이 사용되었다고 이야기했었죠? 일상생활 속 필요한 부분에 두루 사용되었다는 것을 알 수 있습니다. 그렇다면 구고법으로 지구 밖에 있는 태양의 지름도 알 수 있을까요?

현대 과학으로는 지구와 태양의 거리, 태양계 밖 이웃 은하의 크기까지도 알 수 있습니다. 하지만 먼 옛날 구고법으로 태양의 지름을 계산했다고 하면 믿을 수 있을까요?

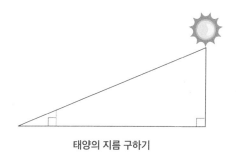

태양의 지름 구하기

구고법을 만들었다고 하는 진평은 『주비산경』이라는 수학책에서 낮의 길이가 가장 길다는 하지 때 대나무 막대기를 세워 그 그림자의 길이를 쟀습니다. 그리고 세워 놓은 대나무 끝에 해가 정확히 들어오는 때에 구고법을 이용해 그림자를 밑변으로 삼고 막대기를 높이로 삼아 빗변을 구했습니다. 해가 있는 곳까지 쭉 이어 나가면 커다란 직각 삼각형의 빗변이 되니, 빗변에 대한 비율을 계산해서 태양의 지름을 밝혀내기도 했습니다. 현대의 첨단 과학 기술로만 알 수 있을 것 같은 복잡한 계산도 이미 오래전에 구고법을 이용해 알아냈던 것이지요.

과거에 중요하게 사용되었던 구고법은 지금도 잘 사용되고 있을까요? 직각 삼각형을 2개 합치면 정삼각형이 되기도 하고 3개, 4개가 모이면 여러 가지 다각형을 만들 수 있습니다. 또 평면뿐만 아니라 입체를 만들 수도 있지요. 이렇게 다양한 방법으로 건축을 설계하고 도로를 만들며 별과의 거리를 계산하고 위성의 궤도를

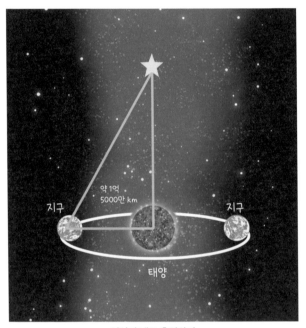

위성의 궤도 측정하기

측정할 수 있습니다.

그렇다면 위성의 궤도는 어떻게 측정할까요? 먼저 태양과 지구의 거리를 밑변으로 삼습니다. 태양과 별의 거리를 직각으로 하여 세로 변으로 삼고, 별과 지구와의 거리를 빗변으로 삼아 구고법으로 거리를 계산하면 됩니다.

2022년, 우리나라도 달 탐사 인공위성 다누리를 쏘아 올려 우주 시대에 한 걸음을 더 내디뎠습니다. 저 멀리 있는 별의 거리를 측정하고, 은하의 크기를 재어 보고, 블랙홀의 위치를 파악하는 등등 지금까지도 구고법이 응용되고 있습니다.

다누리 발사 당시 모습

2장

조선의 수학

조선의
'수학의 정석'

세종대왕도 공부한 수학책

조선의 4대 임금인 세종대왕은 나라를 튼튼하고 부강하게 만들기 위해 노력했습니다. 우리나라 역대 임금 중 최고로 꼽히는 이유도 이 때문입니다. 세종대왕은 조선이 부강한 나라가 되려면 특히 과학이 중요하다고 생각하여 과학을 확립하는 데 많은 힘을 쏟았습니다. 그래서 이때 조선의 천문학과 수학, 화학, 지리학 등이 크게 발달하기도 했지요.

세종대왕은 여러 학문 중에서도 과학의 기본이 되는 수학에 깊은 관심을 가졌습니다. 고려 시대에 수학을 소홀히 한 것을 반성하며 조선의 수학을 높은 수준으로 끌어올리려고 노력했습니다. 그래서 신하들에게 수학을 공부하도록 권했습니다.

그뿐 아니라 신하들에게만 수학 공부를 시키지 않고 스스로 모범이 되기 위해 자신도 수학 공부를 했습니다. 임금이 직접 수학 공부를 했다는 것이 믿어지지 않지요? 세종대왕은 당시 집현전 학자인 정인지에게 수학을 배우며 열심히 공부했습니다.

세종대왕과 수학 공부

경상도 감사가 새로 인쇄한 송
나라의 『양휘산법』 백 권을
왕에게 진상하였다. 그리하여
집현전과 호조와 서운관에 나
누어 주었다.

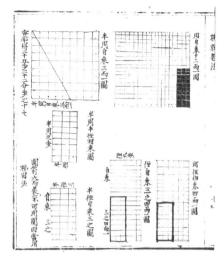

『양휘산법』

이 글은 『조선왕조실록』 세
종 15년 8월 25일의 기록입니
다. 세종대왕이 신하들에게 수
학을 공부하라고 당부했지만, 당시에는 마땅한 수학책이 없어 공
부를 할 수 없었습니다. 그때 경상도 감사가 중국 송나라 수학자인
양휘가 지은 수학책 『양휘산법』을 구해 백 권을 인쇄하여 나라에
바쳤습니다. 이 책은 다시 집현전과 호조, 그리고 서운관 학자와 관
리들에게 나눠졌습니다. 그 덕분에 많은 학자와 관리들이 수학을
공부할 수 있게 되었고, 조선의 수학은 발전할 수 있었죠.

조선 최초의 수학책

세종대왕이 수학을 발전시키기 위해 많이 노력했으나 당시 우리나라에서 만든 수학책이 없어서 중국의 옛날 수학책으로 공부해야 했습니다. 그러다가 17세기에 처음으로 조선의 수학책이 만들어졌습니다. 조선에는 어떤 수학책이 있었을까요?

『묵사집산법』

17세기 조선의 수학자 경선징이 지은 수학책입니다. 이 책은 현재 남아 있는 우리나라의 수학책 중에서 가장 오래된 것입니다. 전체 내용은 주제에 따라 문제와 답, 풀이 방법의 순서로 되어 있어 요즘의 수학 참고서와 구성 방식이 같습니다. 쉬운 문제부터 시작해서 어려운 문제까지 순서대로 풀어가면서 수학 실력을 키울 수 있도록 해 놓았습니다.

『묵사집산법』

중국의 유명한 수학책인 『상명산법』과 『양휘산법』, 그리고 『산학계몽』을 정리해서 조선에 필요한 내용을 뽑고, 경선징이 따로 문제를 만들어 추가했습니다.

경선징은 중국의 수학책을 참고했지만, 자신만의 고유한 방법으로 문제를 풀어 조선 수학의 수준을 한 단계 끌어올리는 데 힘썼습니다.

『구수략』

조선 숙종 때 여덟 번이나 영의정을 지낸 관리이며 학자이자 수학자인 최석정이 지은 수학책입니다. 경선징이 전문적인 수학자였다면 최석정은 높은 관직을 가진 관리이면서 특별히 수학에 관심을 가진 유학자였습니다. 그래서 수학을 유학 공부를 위한 철학적 관점으로 바라보았습니다. 이 책에서 첫 번째로 다루는 주제도 수의 근원입니다. 수의 근원이나 성질을 유학적으로 풀이했지요.

이 책에서는 다양한 마방진을 소개하고 있습니다. 낙서오구도 낙서육구도 낙서칠구도 낙서팔구도 낙서구구도 구구모수변궁양도 등 46개의 마방진이 등장합니다.

마방진이라고 하면 보통 사각형으로 된 것만 생각하지만, 최석정은 육각형 모양의 마방진도 만들었습니다. 육각형이 모여 있는 것이 마치 거북이 등의 무늬 같기도 합니다. 최석정은 9차 마방진도 만들었는데, 세계 수학사에서 최초로 9차 마방진을 만든 인물로 인정받았습니다.

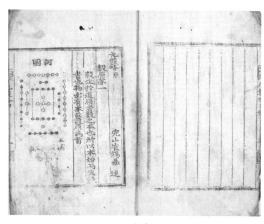

『구수략』

『구일집』

전문 수학자인 홍정하가 지은 수학책입니다. 홍정하의 집안은 아버지와 할아버지, 외할아버지와 장인까지 모두 전문적인 수학자였습니다. 홍정하의 집안은 대대로 수학의 비법을 다루고 전승하여 실력이 뛰어난 집안으로 유명했습니다.

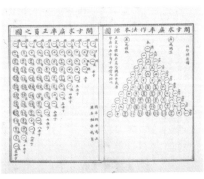

『구일집』

홍정하는 당시에 중국 수학책에서 다룬 문제를 바꾸어 조선에 맞는 수학으로 발전시켰습니다. 특히 1차 방정식의 근을 구하는 천원술과 다항 방정식을 이용한 조선의 방정식 이론을 만들어 내는 데 힘썼습니다.

『주서관견』

숙종 때 영의정까지 지낸 관리이며 학자인 조태구가 지은 수학책입니다. 조태구는 어릴 때부터 수학에 관심을 가지고 있었지만, 공부하기에 좋은 수학책이 없는 것을 한탄했습니다.

그러다가 동양의 전통적인 수학과 새로 들어온 서양의 수학을 함께 공부하여 이 책을 지었습니다. 조태구는 『주서관견』에서 우리나라 최초로 서양식 논증 기하학을 다루었는데, 아마 청나라에 사신으로 갔다가 서양 수학을 접했을 것입니다.

『주서관견』

『주서관견』은 문제마다 산가지로 계산하는 방법을 표시해 두었습니다. 복잡한 문제도 모두 산가지로 계산할 수 있다는 것을 보여 주었는데, 당시 조선에서 산가지로 계산하는 기술이 얼마나 뛰어났는지 알 수 있습니다.

『주해수용』

실학자 홍대용이 지은 수학책으로 그의 문집 『담헌서』에 실려 있습니다. 홍대용은 천문학과 수학에 관심을 가진 학자로 이 책에서는 수학을 어떻게 실용적으로 활용할 수 있는지를 다루고 있습니다.

『산학원본』

조선 후기의 문인이자 수학자인 박율이 썼습니다. 이 책은 출판되지 못하다가 그가 세상을 떠난 지 삼십 년이 지난 후에 박율의 둘째 아들 박두세가 세상에 내놓았습니다.

『구수략』을 지은 당시 유명한 문인 수학자였던 최석정이 서문을 써 주었습니다. 이 책은 우리나라 최초로 1차 방정식의 근을 구하는 천원술의 내용을 담았습니다. 이후에 여러 수학자가 이 책을 참고했으며, 조선 수학의 발전에 많은 영향을 끼쳤습니다.

『산학본원』

조선의 문인 학자 황윤석이 지은 수학책으로 그의 문집 『이수신편』에 실려 있습니다. 이 책은 박율의 『산학원본』 내용을 수정하고 보충하며 해설한 책입니다.

『차근방몽구』

수학자 이상혁이 서양 대수의 방정식을 표기하는 방법과 그에 해당하는 해설을 붙여 놓아 조선 사람들이 이해하기 쉽게 만든 수학책입니다.

조선의 수학책은 조선 중기와 후기에 집중적으로 출판되었습니다. 세종대왕이 수학을 발전시키기 위해 노력한 것이 결실을 맺은 것이지요.

후기가 되면 서양의 수학이 점차 조선에 유입되기도 하고, 중국에 갔던 학자들이 서양의 수학책을 직접 보기도 했습니다. 그동안 동양의 수학책만 접했던 조선 학자들은 새로운 서양 수학책을 보고 전통적인 동양의 수학에 서양 수학을 보충했습니다. 그리고 조선의 현실에 맞춰 새로운 수학책을 만들었습니다. 그래서 전문 수학자뿐만 아니라 수학에 관심을 가진 문인 학자들이 여러 종류의 수학책을 쓰게 되었고, 당시 중국과는 다른 조선만의 수학을 확립할 수 있었습니다.

조선의
수학 연구

수학 교육은 언제부터 시작했을까?

조선 시대에 세종대왕은 수학을 중요하게 생각하고 수학을 발전시켰습니다. 그렇다면 수학 교육은 언제부터 시작되었을까요? 우리나라 역사에서 고조선과 고구려 백제 신라를 떠올리면 수학과 연관된 것이 있나요?

고조선과 삼국 시대의 수학 교육에 관한 기록은 거의 남아 있지 않습니다. 다만 삼국 시대의 역사를 기록한 『삼국사기』를 보면 682년에 신라의 신문왕이 교육 기관인 국학을 세웠는데, 이때 산학박사와 조교 한 명이 수학을 가르쳤다고 합니다. 국학은 오늘날의 국립 대학에 해당합니다. 국학에서 여러 과목을 가르쳤는데 그

중에 수학도 포함되어 있었던
것이지요.

수학의 교육 과목은 철경 삼
개 구장 육장이라고 합니다. 세
분화된 과목명을 보면, 삼국 시
대에도 전문적인 수학 교육이
있었다는 것을 짐작할 수 있습
니다.

고려 시대에는 국자감이라

『삼국사기』

고 하는 국립 대학이 있었는데, 이곳에서도 수학을 가르쳤습니다.
국자감의 학생들도 여러 과목을 배웠습니다. 그중에서 수학은 선
비라면 알아야 할 여섯 가지 중요한 과목 중 하나였습니다.

이 시기에는 중국의 송나라와 원나라의 수학책이 수입되었습
니다. 당시 송나라는 수학이 무척 발달한 나라였기 때문에 송나라
의 책을 수입하여 이것으로 연구하니 수학이 더욱 발전할 수 있었
습니다. 그러나 고려 사람들은 수학보다는 철학과 역사, 문학을 중
요하게 생각했기 때문에 시간이 갈수록 수학을 소홀하게 취급하게
되었습니다.

조선 시대에는 태조가 1394년에 중국의 수학책 『태일산』을 강
습하기 위해 습산국을 설치했습니다. 습산국은 익힐 '습(習)' 자와

계산할 '산(算)' 자를 써서 계산하는 법을 익히는 부서라는 뜻입니다. 『태일산』은 군대를 운용하는 일에 관련된 수학책입니다. 조선을 건국한 태조가 조선을 강한 나라로 만들기 위해 『태일산』을 정확하게 읽을 필요가 있어서 수학 관련 부서를 만들었다고 볼 수 있습니다.

국가 수학 기관을 만들자

세종대왕은 고려가 수학을 중요하게 여기지 않아서 과학이 발전하지 못했다고 생각했습니다. 과학을 발전시켜야 부강한 나라를 만들 수 있다고 믿었던 그는 수학을 공부하고 발전시키는 것이 국가의 중요한 일이라고 생각했습니다. 그래서 신하들에게 수학 공부를 열심히 하라고 강조하는 것에서 그치지 않고 국가 차원에서 본격적으로 수학을 연구하도록 했습니다.

산법이란 오직 역법에만 사용하는 것이 아니다. 만약 병력을 동원하거나 토지를 측량하는 일이 있다면, 산법을 버리고는 달리 구할 방도가 없다.
『조선왕조실록』 세종 13년 3월 2일

여기에서 산법은 계산하는 법, 즉 수학을 말하고, 역법은 달력 만드는 법을 말합니다. 예전에는 주로 농사를 짓고 살았기 때문에 달력이 중요했습니다. 달력의 날짜가 정확하지 않으면 씨를 뿌리고 농작물을 거두는 때를 놓칠 수 있습니다. 그러면 농사가 제대로 지어지지 않아 수확이 줄어들게 됩니다. 백성들의 수입이 줄어들면 나라의 세금도 줄어들지요. 그래서 달력을 정확하게 만들기 위해 수학이 꼭 필요했습니다.

세종대왕은 수학이 전쟁 때 병력을 계산한다거나 토지를 정확하게 측량해서 억울하게 세금을 내지 않고 토지를 사고팔 때 손해 보지 않게 하는 중요한 역할도 한다고 생각했습니다. 그래서 당시 연구 기관인 집현전에 수학을 더욱 발전시킬 수 있는 방법을 연구

집현전이 있던 자리에 세워진 경복궁 수정전

하도록 명령했습니다.

집현전에서 수학을 연구하는 것에서 그치지 않고 전문 수학인을 양성하기 위해 '산법교정소'를 만들어 수학을 교육했습니다. 산법교정소가 생기기 전에도 습산국이나 서운관 등에서 수학을 담당했지만, 달력을 만들 때 정확한 내용을 잘 모르는 것을 보고 한탄하면서 전문적인 수학 기관을 만들고 싶어 한 것입니다. 그래서 세종대왕은 1437년에 역산소를 설치하여 교육을 담당하는 관리들에게 산법과 달력 계산에 관련된 책을 공부하도록 명하기도 했습니다.

수학 관리가 하는 일은 무엇일까?

세조는 1466년에 수학 담당 기관인 산학을 호조에 소속시켰습니다. 호조에 속하여 산학을 담당하는 관리를 산원이라고 부르는데, 산학교수 겸교수 별제 산사 계사 산학훈도 회사 등이 있었습니다. 각 관리는 무슨 일을 했을까요?

이 중에서 가장 높은 관리가 산학교수입니다. 국가 재정의 회계 업무를 총괄하고 산원들의 교육을 담당했지요. 산학교수는 시대에 따라 그 일이 조금씩 달라지고 정원도 달라졌습니다. 처음에 계산과 회계를 맡았다가 나중에는 산사나 계사, 회사로 나누어지기도

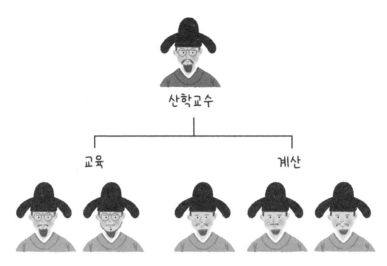

조선 시대 산학 관리 조직

했습니다. 산학교수와 겸교수, 산학훈도는 주로 교육을 맡았고, 전문적인 계산은 산사나 계사, 회사들이 맡았습니다.

회사는 회계사라고도 하는데, 회사가 맡은 가장 중요한 업무는 서울과 지방 관청에 쌓인 금전과 곡식을 계산하고 재화의 손실을 평가하는 것입니다. 각 관아에서는 일 년에 네 번 정도 회사에게 회계 문서를 보내 결산해야 했습니다.

만약 회사가 회계를 잘못 처리하면 지난 회계 장부를 다시 조사해서 그 잘못을 바로잡고 담당한 회사에게 벌을 내렸습니다. 회사가 담당 관리와 결탁하여 장부를 고쳐서 돈이나 곡식을 빼돌리는 일을 막기 위해서입니다. 회사는 시간이 지나도 언제든 다시 조사

받을 수 있기 때문에 철저하게 회계 처리를 해야 했습니다.

회사의 품계는 가장 낮은 종9품으로, 교대로 근무하며 월급을 받았습니다. 해마다 음력 6월과 12월에 회사들의 성적을 평가해서 성적이 나쁘면 관직을 그만두게 하고 성적이 좋으면 승진을 시켰습니다. 조선 초에는 산학에서 일하는 사람이 여섯 명이었지만, 나중에 육십 명까지 늘어났습니다.

다음으로 산학에 속한 계사가 하는 일은 무엇일까요? 계사는 국가 재정의 회계 업무를 맡으면서 산사와 함께 계산하는 일과 회계 실무를 담당했습니다. 그 외에도 나라의 건축 수리 일을 맡은 선공감에서 성균관이나 종묘, 궁궐 등을 수리할 때 필요한 자재의 비용 등을 감찰하는 일도 맡았습니다.

우리가 잘 알고 있는 조선 후기의 실학자인 정약용은 토지를 측량할 때 계사 두 명과 수학을 잘하는 사람을 선발해서 이미 계산이 끝난 것을 다시 검사했습니다. 그 차이를 확인해야 한다면서 계산에 차이가 있으면 감옥에 가두는 벌을 주었습니다. 조선 시대에는 농업이 가장 중요한 산업이었기 때문에 토지의 면적을 계산하는 일은 정말 중요했지요.

계사는 토지 계산뿐만 아니라 나라의 공사에 동원된 인원이나 사용된 물품과 돈도 계산했습니다. 예를 들어 사도 세자의 묘인 현륭원에 나무를 심고 움푹 패인 땅을 흙으로 메우는 것을 기록한

『식목편람』을 살펴볼까요? 이 책에는 1789년부터 해마다 일을 마치고 나면 그 내용을 모두 기록해 놓았습니다. 해마다 여기에 심은 나무의 수와 흙을 보충한 곳의 면적과 공사에 동원된 인원을 기록하는데, 지난 연도의 것도 계사를 불러서 다시 계산하게 했습니다. 계사가 하는 일이 정확한 계산을 담당한다는 것을 알 수 있겠지요?

1776년에 정조가 왕이 되었을 때는 산학의 이름이 바뀌었습니다. 산학을 주학이라고 했지요. '주'라는 글자는 산가지로 계산한다는 의미입니다. 산학이나 주학이나 글자가 달라졌지만 뜻은 마찬가지입니다. 그렇다면 왜 갑자기 산학을 주학으로 바꾸었을까요?

이는 정조의 이름과 관련이 있습니다. 정조의 이름은 이산입니다. 옛날에는 왕의 이름과 같은 발음의 글자를 피했습니다. 왕을 공경한다는 의미이지요. 그래서 정조가 왕이 되자 산학의 '산(算)' 자가 정조의 이름 '산(祘)' 자와 발음이 같다는 이유로 그것을 피하기 위해 산학을 주학으로 바꾼 것입니다.

산학의 일을 맡은 사람들은 지금으로 보면 전문 수학자나 회계사라고 볼 수 있습니다. 시대가 달라질 때마다 업무가 많아지거나 더 중요한 업무가 생기면 산학에서 일하는 산원들의 숫자도 조정이 되었고 담당하는 일도 바뀌었습니다.

전문적인 일을 하다 보니 대를 이어 일을 하는 가문도 생겼습니다. 할아버지 외할아버지 아버지 등이 모두 수학자이면 그 기술과 방법을 이어받으며 더 뛰어난 실력을 갖출 수 있기 때문이지요.

산원들은 국가 공무원 자격으로 일을 하기 때문에 과거 시험을 쳐서 관리가 됩니다. 그러나 김영이라는 사람처럼 수학과 계산 능력이 특별히 뛰어난 사람이 있으면 시험 없이 선발되어 수학 관리가 될 수도 있었습니다. 그렇다면 김영은 어떤 인물이었는지 살펴볼까요?

비운의 천재 수학자, 김영

김영을 살펴보기 전에 먼저 홍길주라는 인물을 알아보겠습니다. 홍길주는 문장이 뛰어나 이름을 널리 알린 유명한 문인이며 학자입니다. 어릴 때 어머니에게 산수를 배웠다고 하는데, 홍길주의 어머니는 영수합 서씨입니다. 영수합 서씨의 큰아버지 서호수는 당시 높은 지위에 있는 문인이면서 수학에 가장 뛰어난 학자로 평가받았습니다. 아마도 홍길주는 어머니 집안의 수학 실력을 물려받은 것 같습니다. 홍길주는 7살 때부터 기하학을 배웠고, 뺄셈과 나눗셈만으로 제곱근을 구하는 방법을 알아낼 정도로 수학을 잘했습니다.

당시에는 수학과 같은 전문 분야는 양반과 평민의 중간 계급인

중인들이 주로 맡아서 했는데, 양반 중에서도 수학에 관심을 가지고 열심히 연구한 사람들도 있었습니다. 홍길주도 유명한 양반 가문의 사람이지만 수학에 관심을 두고 따로 수학 선생님을 모시고 수학을 배우기도 했습니다.

홍길주의 수학 선생님이 바로 김영입니다. 시골 출신으로 말투도 어눌하고 외모도 보잘것없어 사람들이 무시하기도 했습니다. 그러나 당시 뛰어난 수학자였던 서호수는 김영을 만나 이야기를 해 보고는 그가 자신보다 더 뛰어난 실력자라는 것을 알고 김영을 관상감에서 일할 수 있도록 추천했습니다.

관상감은 지금으로 보면 천문 연구원 같은 곳으로, 천문 관측과 계산을 맡아보는 곳입니다. 특히 복잡한 계산을 정밀하게 해야 하기 때문에 실력 있는 수학자가 필요했습니다.

이때 서호수는 영의정이면서 관상감을 책임지는 일을 맡고 있던 홍길주의 할아버지 홍낙성에게 김영을 소개했습니다. 홍낙성은 김영을 만난 뒤 그의 실력을 인정하고 손자 홍길주에게 수학을 가르치도록 했습니다. 홍길주는 김영에게 수학을 배우면서 원에 내접하는 다각형의 성질이나 직각 삼각형의 조합을 비롯한 수학의 여러 분야에서 자신만의 방법으로 풀이하기도 했습니다.

홍낙성은 김영을 관상감에서 일하게 하고 싶었지만, 관상감에서 일하기 위해서는 과거 시험에 합격해야만 했습니다. 그래서 김영의 실력을 잘 알고 있었지만 관리로 뽑을 수는 없었습니다.

그러다가 1789년에 정조가 아버지 사도 세자의 묘를 수원으로 옮기는 일이 있었습니다. 옛날에는 중요한 일을 할 때 좋은 날짜를 선택해야 했는데, 시간과 날짜를 정밀하게 계산해야 했습니다.

날짜를 계산하기 위해서는 실력 있는 수학자가 필요했기에 홍낙성은 정조에게 김영을 추천했습니다. 김영은 별자리를 다시 관측하고 해시계를 새롭게 만들어서 날짜를 정확하게 계산했습니다. 정조는 김영의 뛰어난 실력에 감탄하고 이런 훌륭한 인재가 필요하다고 하여 관상감에서 일할 수 있게 허락했습니다.

그러자 관상감에서 일하는 관리들은 반발했습니다. 정당하게 시험을 치르지 않고 들어왔다며 관상감 관리들은 김영을 구박하고 모욕했습니다. 심지어 때리기도 했습니다. 김영은 구박을 받으면서도 자신이 좋아하고 잘하는 일을 열심히 했습니다. 김영은 일식이 일어나거나 혜성이 나타나면 그 계산을 맡아서 했습니다.

하지만 갑자기 정조가 세상을 떠나고, 김영을 믿고 지지해 주던 서호수마저 영원히 눈을 감고 말았습니다. 김영을 보호해 주는 사람들이 사라지자 김영은 즉시 관상감에서 쫓겨났습니다.

갈 곳이 없는 김영은 시골에 가서 동네 아이들을 가르치며 겨우 밥을 먹고 살았습니다. 문득문득 괴롭힘을 당하던 일이 떠올라 화가 치밀어 오르면서 괴로워했습니다. 그런 일이 반복되다 보니 우울증도 생겼지요.

1807년과 1811년, 조선에 혜성이 나타났습니다. 관상감에서는 혜성이 움직이는 궤도를 계산해야 하는데, 이 계산을 정확하게 할 수 있는 사람이 없었습니다. 김영이 없었기 때문이지요. 그러자 관상감 관리들은 할 수 없이 김영을 다시 불러서 일을 시켰고, 김영이 열심히 계산을 마치면 다시 쫓아냈습니다. 김영의 능력을 이용만 했던 것입니다.

쫓겨난 김영은 혼자 수학 연구에 몰두했습니다. 그는 어릴 때 선생님도 없이 혼자 수학을 공부하면서 산가지를 가지고 계산을 했습니다. 그러다가 유클리드가 쓴 책을 번역한 『기하원본』이라는 책을 얻어서 혼자 읽고 또 읽으며 스스로 수학의 이치를 깨우쳤습니다.

그래서 쫓겨나서도 혼자 공부하면서 책을 썼습니다. 수학은 물론 천문학과 달력 만드는 법, 음악에 이르기까지 수학이 필요한 모든 분야의 연구에 빠졌습니다. 어쩌면 그렇게 해야 힘든 처지를 잊을 수 있었는지도 모릅니다.

홍길주는 김영에게 수학의 여러 분야를 배우고 열심히 연구하여 자신만의 이론을 만들어 내기도 했습니다. 그래서 자신의 수학 선생님이었던 김영에게 그 이론을 보여주고 싶어 그를 찾아다녔습니다. 그러나 돌아온 소식은 김영이 이미 세상을 떠났다는 것이었습니다. 그가 너무도 가난하게 살아서 밥을 제대로 먹지 못해 굶어 죽었다는 소문이 돌았습니다.

홍길주는 김영의 소식을 듣고 눈물을 흘리며 가슴을 쳤습니다. 그리고 김영의 집에 찾아가 그의 아들을 만나 이렇게 말했습니다.

"내가 선생님께 어릴 때부터 수학을 배워 실력이 많이 늘었습니다. 이제는 선생님께 내가 쓴 수학 이론을 보여드리고 싶었는데 세상에 계시지 않다니 너무 슬픕니다. 선생님께서 그렇게 괴롭힘을 당하고 우울증까지 걸리시고 가난에 고통받으셨다니⋯⋯. 제자로서 죄송할 따름입니다. 아! 이 세상은 재주 있는 사람을 사랑하지 않는 것일까요?"

홍길주의 말을 들은 김영의 아들은 눈물을 뚝뚝 흘리며 이렇게 말했습니다.

"아버지께서 남기신 많은 원고를 상자에 보관해 두었습니다. 아버지께서 돌아가시기 전에 서호수 선생의 아드님인 서유본 선생에게 전하라고 하셨습니다."

서유본은 홍길주의 어머니와 사촌이므로 홍길주는 그 원고를 자신이 서유본에게 전하겠다고 했습니다. 그러나 김영의 아들은 크게 한숨을 쉬고는 이렇게 말했습니다.

"아버지의 원고 상자는 제가 없는 사이에 관상감 생도가 훔쳐 갔습니다."

출신이 보잘것없고 가난한 천재 수학자 김영은 불우하게 살다 떠났습니다. 김영의 제자 홍길주는 「김영전」이라는 글을 써서 세상이 알아주지 못한 위대한 수학자 김영의 일생을 남겼습니다.

최초의
9차 마방진

거북이 무늬의 마방진, 지수귀문도

마방진은 보통 사각형으로 이루어지지만 삼각형이나 육각형, 또는 원형 등 여러 가지 모양으로 숫자를 배열해 만들어지기도 합니다. 아주 먼 옛날 거북이 등에 그려져 있었던 3차 마방진은 세월이 흐르면서 여러 가지 형태로 변화했습니다. 그중에서 우리나라의 유명한 마방진이 있습니다. 바로 거북이 등 무늬 모양의 마방진, '지수귀문도'입니다.

지수귀문도라고 하면 한자라서 무척 어렵게 느껴지지요? 이 한자의 의미를 알아볼까요? '지수'는 땅의 숫자라는 의미로 땅 '지(地)' 자와 숫자 '수(數)' 자라는 한자를 썼습니다. '귀문도'는 거북이 등 무늬 그림이라는 뜻으로 거북이 '귀(龜)' 자와 무늬 '문(文)' 자를 쓰는데, '문(文)'은 글이라는 뜻으로 알고 있지만 원래 무늬라는 뜻이었습니다. 이름이 온통 한자로 되어 있어 어렵고 골치 아파 보이지만, 글자 그대로 풀이하면 '땅의 숫자로 만들어진 거북이 등의 무늬 그림'이라는 뜻입니다.

거북이 등 무늬를 단순한 형태로 그리면 육각형이 됩니다. 그래서 지수귀문도는 9개의 육각형으로 만들어졌고, 육각형에 있는 6개의 꼭짓점 숫자를 더하면 각각 93이라는 숫자가 나옵니다. 아무 육각형이나 골라서 거기에 있는 꼭짓점의 숫자를 더해도 모두 같은 수가 나오게 구성되어 있습니다.

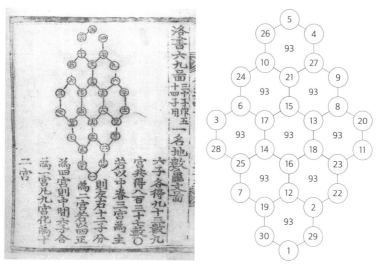

지수귀문도

지수귀문도에서 육각형 하나하나의 꼭짓점의 숫자는 1에서 30까지 사용되었습니다. 마방진을 만들 때는 당연히 숫자를 중복해서 쓰면 안 됩니다. 육각형에 있는 꼭짓점 숫자의 합이 93이고, 9개의 육각형이 있으니 전체 합은 837입니다.

『구수략』에 수록된 지수귀문도 그림의 오른쪽 위에는 '낙서육구도'라는 이름이 적혀 있습니다. 지수귀문도의 원래 이름이 낙서육구도입니다. 낙수에서 올라온 거북이가 등에 업고 온 숫자에 보이는 마방진의 원리를 이용하여 육각형을 9개 만들어서 사용한 그림이라는 뜻입니다. 육각형 하나하나도 거북이 등 모양이고 육각형이 9개 모인 전체 모양도 커다란 거북이 등 모양이니 거북이로 시작해 거북이로 끝나는 마방진입니다.

거북이 등 모양의 지수귀문도, 곧 낙서육구도를 숫자로 표시하면 낙서69도입니다. 낙서69도 앞에는 낙서49도와 낙서59도가 있고, 낙서69도 뒤에는 낙서79도와 낙서89도 그리고 낙서99도가 있습니다. 49 59 69 79 89 99순서로 되어 있지요.

낙서사구도는 사각형 9개로 만들어져서 사구도라고 합니다. 1부터 20까지의 숫자로 만들었고, 1개의 사각형 꼭짓점을 모두 더하면 42이며, 어떤 사각형의 꼭짓점을 더해도 모두 42가 나오게 되어 있습니다.

낙서오구도는 오각형 9개로 만들어졌습니다. 1부터 33까지의

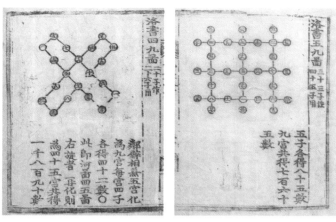

洛書四九圖 二十七子用

鄭司農相乘五宮化
為九宮每宮四子
各得四十二數 ○
此即河圖四五圖
右旗者一再化則
為四十五宮共得
一千八百九十數

洛書五九圖 三十六子用 四十五子用

五子各得八十五數
九宮共得七百六十
五數

낙서사구도　　　　　　　낙서오구도

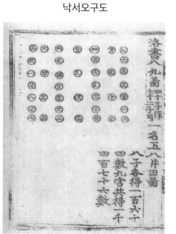

洛書七九圖 六十三子 ○ 共積二千二十

七子各得二百二十
四數

洛書八九圖 一名五八片田圖

八子各得一百六十
四數九宮共得一千
四百七十六數

낙서칠구도　　　　　　　낙서팔구도

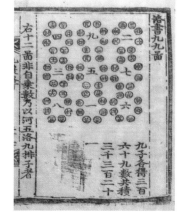

洛書九九圖

右十二圖非自乘數爲以河五洛九排子者

九子各得三百
六十九數共積
三千三百二十
一

낙서구구도

숫자로 만들었고, 1개의 오각형 꼭짓점을 더하면 85가 되며, 오각형 9개를 모두 합한 수는 765입니다. 이런 방법으로 낙서사구도에서부터 낙서구구도까지 만들 수 있습니다.

「구수략」과 9차 마방진

낙서사구도부터 낙서구구도까지 살펴보았는데요. 이것은 조선 시대 학자 최석정이 지은 수학책 『구수략』에서 살펴볼 수 있습니다. 최석정은 이 책에 위대한 수학의 업적 하나를 남겼습니다. 그것은 바로 세계 최초로 9차 마방진을 만들어 낸 것입니다.

최석정은 9차 직교 라틴 방진의 방법으로 마방진을 만들었습니다. 라틴 방진은 각각의 칸에 1부터 숫자를 한 번씩 씁니다. 당연히 숫자는 중복되면 안 되겠지요. 가로와 세로, 대각선의 숫자 합이 모두 같은 수여야 합니다. 라틴 방진을 2개 겹쳤을 때 숫자가 중복되지 않으면서 가로의 합과 세로의 합, 대각선의 합이 같아지면서 또 하나의 라틴 방진을 만드는 것을 직교 라틴 방진이라고 합니다. 세계적인 수학자 오일러보다 육십일 년 이상 빠르게 발견한 사실이 알려지면서 수학사에 오일러의 이름 대신 최석정의 이름이 올라가게 되었습니다.

5, 1	6, 3	4, 2	8, 7	9, 9	7, 8	2, 4	3, 6	1, 5
4, 3	5, 2	6, 1	7, 9	8, 8	9, 7	1, 6	2, 5	3, 4
6, 2	4, 1	5, 3	9, 8	7, 7	8, 9	3, 5	1, 4	2, 6
2, 7	3, 9	1, 8	5, 4	6, 6	4, 5	8, 1	9, 3	7, 2
1, 9	2, 8	3, 7	4, 6	5, 5	6, 4	7, 3	8, 2	9, 1
3, 8	1, 7	2, 9	6, 5	4, 4	5, 6	9, 2	7, 1	8, 3
8, 4	9, 6	7, 5	2, 1	3, 3	1, 2	5, 7	6, 9	4, 8
7, 6	8, 5	9, 4	1, 3	2, 2	3, 1	4, 9	5, 8	6, 7
9, 5	7, 4	8, 6	3, 2	1, 1	2, 3	6, 8	4, 7	5, 9

구구모수변궁양도

최석정의 수학책『구수략』에는 다양한 마방진이 나오는데 그중에서 '구구모수변궁양도'라는 것이 있습니다. 이름이 어렵지만 '구구'만 기억해 두면 됩니다. 구구는 9×9라는 뜻으로 가로 9개, 세로 9개로 만들어진 마방진입니다. 가로 9칸, 세로 9칸으로 모두 81칸에 숫자가 2개씩 세트로 들어가는데, 역시 모두 중복되지 않아야 합니다. 그리고 당연히 가로의 합, 세로의 합, 대각선의 합도 같아야 합니다.

구구모수변궁양도 뒤에는 '구구모수변궁음도'가 나옵니다. 또 그 뒤에는 '구구자수변궁양도'와 '구구자수변궁음도'가 나옵니다. 양과 음으로 구분한 것이지요. 이름이 길고 너무 어려워서 머리가 아프죠? 옛날 방식의 이름이니 9×9로 이루어진 마방진이라는 것

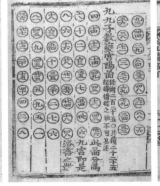
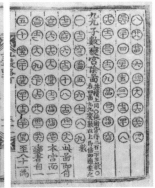

구구모수변궁음도   구구자수변궁양도   구구자수변궁음도

만 기억해두어도 좋습니다.

숫자를 2개씩 사용하면서 만든 마방진이라 무척 복잡하게 보입니다. 하나하나 숫자를 대입하며 만든다고 생각하면 오랜 시간이 지나도 완성하기 힘들 것입니다. 아마 최석정은 이 9차 마방진을 만들 때 어떤 법칙을 발견하고 만들지 않았을까요?

최석정의 연구 업적은 한문으로 기록되어 있어서 한참 후에야 세계에 알릴 수 있었습니다. 오일러의 이름 대신 현대에 최석정의 이름이 그 자리를 차지할 수 있었다는 이야기를 들으면 이런 질문을 할 수도 있습니다. 오래전부터 수학이 발달한 중국에서는 9차 마방진이 왜 없었을까? 중국의 수학이 우리나라에 전해졌다고 하는데, 9차 마방진을 정말 우리나라에서 처음 만들었을까?

조선의 수학자들은 중국의 수학을 배웠지만 그대로 받아들이지 않았습니다. 우리나라만의 독창적인 수학으로 발전시켰고, 거꾸로 조선의 수학이 중국에 다시 소개되는 일도 있었습니다. 최석정이 만들어 낸 이 9차 마방진은 중국 수학책에 등장하지 않습니다. 그가 독창적으로 만들었기 때문에 세계 수학사에 당당하게 이름을 올릴 수 있었던 것이지요.

마방진 원리는 앞서 말했듯 반도체 칩을 만드는 데 이용됩니다. 빠르게 신호를 보내지만 그 신호가 중복되면 안 되기 때문에 9차식교 라틴 방진의 원리를 사용한다고 합니다.

반도체 칩은 현대 생활에 없어서는 안 될 중요한 산업에 사용됩니다. 시계 계산기 컴퓨터 인공위성 비행기 자동차 등 여러 산업 분야에 쓰이지 않는 곳이 없을 정도입니다.

세계를 놀라게 한 천재 수학자, 최석정

최석정이 누구인지 조금 더 알아볼까요? 세계 최초로 9차 마방진을 만들어 낸 최석정은 대학자이면서 수학자입니다. 주로 중인 계급이 수학자였던 조선 시대에 최석정은 양반임에도 수학에 많은 관심을 가지고 연구했습니다.

최석정이 문인 학자이면서 수학에 관심을 가진 이유는 무엇일까요? 조선 시대의 철학은 성리학이 중심이었습니다. 성리학은 우주 자연의 질서와 이치를 철학적으로 탐구하는 학문인데, 최석정은 이를 더욱 근본적으로 이해하기 위해 수학에 관심을 가졌던 것 같습니다.

최석정의 수학책 『구수략』을 펼치면 제일 먼저 수의 원리에 관한 설명이 등장합니다.

"수는 도에서 생기며, 근원은 수가 근본이다. 근본에서 시작하여 수가 생긴다."

뭔가 어려워 보이는 내용이지만, 수가 세상의 근본이라는 뜻으로 이해하면 됩니다. 세상의 시작은 수와 함께 하는 것이니 수가 얼마나 중요한지 설명하는 내용입니다.

최석정은 이렇게 수의 원리와 숫자의 이름을 설명하면서 수에 대해 기본적인 의미를 먼저 알려줍니다. 그리고 더하기 빼기 곱하기 나누기의 기본적인 계산과 제곱근 구하는 법, 방정식 등 복잡한 계산법도 다루

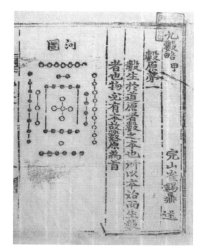

『구수략』

었습니다.

이 책을 넘기다 보면 그림이 계속 등장하는데, 복잡한 계산을 주판과 산가지로 풀이하는 방법도 재미있게 설명해 놓았습니다.

중국에서는 상업이 발달하면서 상인들이 간단하고 편리한 주판으로 계산했습니다. 하지만 조선 시대에는 상업을 가장 천하게 여겼기 때문에 상업이 상대적으로 덜 발달하다 보니 주판을 사용할 일이 별로 없었습니다. 최석정은 잘 사용하지 않는 주판 계산법도 필요하다고 생각했기에 이 책에 설명해 놓은 것입니다. 또 오래전부터 사용된 계산법 중에 조선 시대에 가장 발달한 산가지로 계산하는 방법도 다루었습니다.

최석정은 철학자인 만큼 수학을 철학적으로 이해하여 설명했고 독창적인 마방진을 만들었습니다. 『구수략』의 마지막 부분에는 이 책을 지을 때 보았던 책을 기록해 놓았는데, 『논어』 『맹자』와 같은 기본적인 철학책은 물론이고 중국과 서양에서 들어온 수학책까지 모두 참고했다는 것을 알 수 있습니다.

정확하고 빠른 계산기,
산가지

최초의 계산기

먼 옛날에는 여러 사람이 함께 사냥을 했습니다. 사냥해서 잡은 고기를 나누어야 하는데, 고기의 다리는 4개뿐입니다. 누가 몸통을 가져야 하고 누가 꼬리를 가져야 할까요? 누구나 살이 많은 몸통을 가지고 싶겠지요? 열 명이 사냥을 했다면 다리도 10개로 나누고 몸통도 10개로 나눠야 공평합니다. 하지만 이 복잡한 계산을 어떻게 할 수 있을까요? 지금이야 무게를 재서 나누면 간단하겠지만 저울이 없던 옛날에는 어려운 일이었습니다. 또, 나무에서 열린 사과 12개를 다섯 명이 나눌 때는 어떻게 해야 할까요?

이처럼 살면서 겪는 모든 일에는 계산이 필요합니다. 계산을 하기 위해 처음에는 손가락 10개를 사용했겠지요? 그것도 부족하면 발가락 10개를 사용하거나 여러 사람을 불러 모아서 그 사람들의 손가락과 발가락까지 사용해야 했을 거예요. 하지만 더 많은 수가 존재하기 때문에 이렇게 계산하는 것보다 효율적인 방법이 필요했습니다.

그래서 사람들은 끈으로 매듭을 묶어서 단위를 표시하며 계산을 하기도 했고, 조약돌로 숫자를 표시하기도 했습니다. 여러 가지 단위가 필요할 때도 그 나름내로 단위를 표시하는 방법을 사용했습니다. 진흙판에 선을 긋기도 하고 돌멩이로 구역을 왔다 갔다 하면서 계산을 하기도 했습니다.

동양에서 계산하기에 가장 좋은 방법은 무엇이었을까요? 그것은 주변에서 구하기 쉬운 대나무로 계산하는 것이었습니다. 대나무를 적당한 길이로 잘라 손에 쥐기 좋은 크기로 만들어서 계산할 때 사용했는데, 이것을 산목이라고 합니다. 계산할 '산(算)' 자에 나무 '목(木)' 자를 써서 계산하는 나무라는 뜻입니다.

최석정은 『구수략』에서 "고대에는 대나무로 산목을 만들었으며, 그 지름은 1푼, 길이는 6촌으로 정했다"고 했습니다. 6촌이면 지금 기준으로 14센티미터정도 됩니다.

산목은 처음에는 대나무로 만들었지만 점차 다른 나무로 만들기도 했습니다. 처음 산목의 모양은 대나무 형태대로 원형이었지만, 그 후에는 세모꼴로 썼다고 합니다. 산목이 원형이면 산목을 놓았을 때 굴러가기 쉽습니다. 그래서 나중에 세모꼴이나 네모꼴로 각을 만들어 고정하기 편리하도록 만든 것이지요.

산목을 산가지라로도 부르기도 했는데요. 산가지의 '산(算)' 자는 계산한다는 뜻이고, 가지는 나뭇가지를 말합니다. 그러니까 계산하는 나뭇가지라는 뜻입니다.

산가지는 통에 담거나 보자기에 싸서 가지고 다니다가 계산할 때마다 보자기를 펼쳐서 나뭇가지를 늘어놓고 계산을 했습니다. 산가지를 담는 통을 산통이라고 하는데, 여기서 우리가 아는 '산통이 깨졌다'라는 말이 나왔습니다. 일을 망쳤다는 의미로 사용하지요. 계산해야 하는 산가지를 담은 통이 깨져서 산가지를 들고 다니며 계산을 할 수 없게 된 상황을 말한 것입니다.

산가지로 계산을 하는 방법이 궁금해지지 않나요? 고작 나뭇가지 몇 개라고 생각할 수 있겠지만, 산가지는 복잡한 계산까지 할 수 있는 만능 나뭇가지였습니다.

조선과 청나라의 계산 대결

1713년에 중국의 유명한 수학자이자 천문학자인 하국주가 조선에 사신으로 왔습니다. 당시 가장 유명한 수학자인 하국주가 온다고 하니 조선의 수학자 홍정하는 하국주와 만나 좋아하는 수학 이야기를 하고 싶었습니다. 하국주는 흔쾌히 홍정하를 만났고 서로

홍정하와 하국주의 대결

수학 문제를 푸는 대결을 하자고 했습니다.

먼저 하국주가 수학 문제를 냈습니다.

> 하국주: 360명이 한 사람마다 은 18전을 내면 그 합계는 얼마일까
> 요?
> 홍정하: 648냥입니다.

처음이라 쉬운 문제를 냈더니 홍정하는 바로 답을 맞혔습니다.
그러자 하국주는 조금 더 복잡한 문제를 냈습니다.

> 하국주: 제곱한 넓이가 225평방자라면 한 변의 길이는 얼마일까요?
> 홍정하: 15자입니다.

하국주는 이런 식으로 점점 어려운 문제를 냈는데, 홍정하는 그
가 낸 문제를 순식간에 척척 풀었습니다. 하국주는 자신에게도 문
제를 내 보라고 했습니다.

> 홍정하: 공 모양의 옥이 있습니다. 이 옥구슬 안에 내접한 정육면체
> 가 있다고 합시다. 옥구슬에서 그 정육면체를 빼면 옥구슬의
> 껍데기가 남게 됩니다. 남은 옥구슬의 껍데기의 무게는 총

265근이고 껍데기에서 가장 두꺼운 곳은 4치 5푼입니다.

그렇다면 옥의 지름과 내접하는 정육면체 한 변의 길이는 얼마일까요?

홍정하가 낸 문제는 무척 복잡한 문제였습니다. 홍정하는 중국 최고의 수학자인 하국주라면 쉽게 문제를 풀 수 있을 것이라고 기대했지만, 하국주는 이 문제를 오래 고민하더니 다음 날 답을 알려 주겠다고 했습니다. 그렇지만 하국주는 다음 날에도 그다음 날에도 답을 알려 주지 않았습니다. 그러고는 홍정하에게 그 문제를 풀어 보라고 했습니다.

홍정하는 그 자리에서 산가지를 펼쳐 놓고 바로 계산해서 정육면체 한 변의 길이는 5치이고 옥의 지름은 14치라고 답을 알려주었습니다. 하국주는 홍정하가 산가지를 이용해 복잡한 계산을 하는 것을 보고 깜짝 놀랐습니다. 그리고 왜 중국에서는 산가지로 복잡한 계산을 하지 못하게 된 것인지 궁금해 했습니다.

홍정하의 산가지 계산법에 놀란 하국주는 산가지로 복잡한 계산하는 방법을 배웠습니다. 그리고 중국으로 돌아갈 때 산가지를 얻어 갔다고 합니다.

산가지, 어떻게 사용하는 걸까?

홍정하는 산가지를 어떻게 사용했길래 복잡한 문제를 쉽게 풀었을까요? 상업이 발달하지 않은 조선에서는 주판 대신 산가지를 계속 사용했다고 앞에서 이야기했었지요. 더하기 빼기 곱하기 나누기뿐만 아니라 10차 방정식과 미분 적분을 계산하는 방법도 알아냈습니다. 심지어 음수, 즉 마이너스를 표현하는 것도 가능했습니다.

3세기경 중국의 『손자산경』이라는 수학책에 산가지로 숫자를 나타내는 그림이 나옵니다.

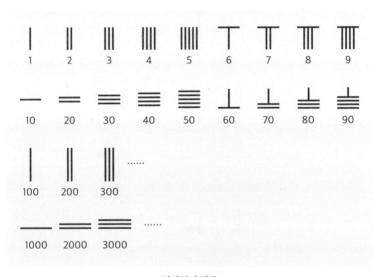

산가지 숫자표

"일은 세로로 십은 가로로, 백은 서고 천은 넘어져 있네.

천과 십은 서로 같은 모양이고 만과 백은 서로 바라보네.

6 이상의 숫자는 모두 5를 나타내는 산목이 위에 있네.

6은 같은 산목이 쌓인 것이 아니고 5는 산목 하나가 아니네."

그림과 글을 비교해 보면 어떻게 산가지를 이용했는지 알 수 있습니다. 위의 글은 산가지 배열하는 방법을 노래로 만든 것으로 포산결이라고 합니다. '포(布)' 자는 펼친다는 뜻이고 '산(算)' 자는 계산한다는 뜻이고 '결(訣)' 자는 노래한다는 뜻입니다. 그러니 포산결은 '펼쳐서 계산하는 노래'라는 의미이죠. 산가지는 보자기에 싸서 다니다가 필요하면 보자기를 펴서 계산하는데, 그래서 산가지로 계산하는 것을 포산이라고 했습니다.

이 내용을 바탕으로 살펴보면, 산가지를 세우면 일의 단위가 되고 옆으로 눕히면 십의 단위가 되고 다시 세우면 백의 단위가 됩니다. 이렇게 산가지를 교대로 세우고 눕히면서 여러 단위를 표현할 수 있습니다. 그리고 일의 단위 숫자를 나타낼 때 6부터는 가로로 놓은 산가지를 5로 계산하고 하나씩 더하면 9까지 숫자를 표현할 수 있습니다. 그림과 함께 보니 별로 어렵지 않지요?

6 2 3 6   7 6 0 1   -6 2 3 6

이 그림은 산가지로 숫자를 표현한 포산입니다. 두 번째 그림처럼 0을 표시하는 자리는 비워 두면 됩니다. 음수, 즉 마이너스를 표시하려면 세 번째 그림처럼 산가지 하나를 사선으로 비스듬히 놓으면 됩니다. 마지막에 산가지 하나를 비스듬하게 놓으면 전체 수가 음수가 되는 것이죠.

이렇게 산가지 계산법은 단순한 사칙 연산뿐만 아니라 제곱근이나 방정식도 계산할 수 있는데, 특히 고차 방정식도 척척 풀이 할 수 있었다고 합니다.

앞에서 살펴본 것처럼 원주율의 할아버지라고 불리는 조충지도 원주율 3.14159를 구할 때 복잡한 계산을 모두 산가지로 했습니다. 홍정하도 산가지를 이용해서 10차 마방진의 오류를 바로잡았다고 하니 이제는 산가지가 단순한 나뭇가지로만 보이지 않지요?

3장

계산으로 보는
수학

음의 차이를
계산하라

소리에서 시작된 수

숫자는 누가 처음 만들었을까요? 어떻게 해서 숫자가 생겼을까요? 중국 전설에 따르면 먼 옛날 황제 시대에 예수라는 사람이 있었는데, 그 사람이 처음으로 숫자를 만들었다고 합니다.

예수라는 사람은 어떻게 숫자를 만들었을까요? 고대 동양에서는 종 모양으로 생긴 황종과 피리처럼 생긴 율관이라는 악기의 소리를 이용해서 숫자를 만들었다고 합니다. 그럼 황종은 무엇이고 율관은 무엇일까요?

옛날 사람들은 세상이 음과 양으로 이루어졌다고 생각했습니다. 음이라고 하면 지금의 마이너스이고 양이라고 하면 지금의 플

러스와 같은 것이라고 앞서 이야기했었죠. 음과 양이 한쪽으로 치우치지 않고 서로 균형을 잘 맞추는 상태를 가장 좋다고 생각했습니다.

예를 들어 너무 덥거나 너무 춥다면 어떨까요? 혹은 너무 밝거나 너무 어둡다면 어떨까요? 둘 다 좋지 않습니다. 그래서 음과 양이 균형을 잘 맞추고 있는 상태, 그때를 가장 좋은 순간이라고 생각했습니다.

황종은 음과 양이 반반씩 있어서 조화가 잘 된 종입니다. 그래서 황종으로 소리의 중심을 잡을 수 있습니다. 황종의 '황(黃)' 자는 노란색이라는 뜻이고 '종(鍾)' 자는 우리가 잘 알고 있는 소리를 내는 종입니다. 그러니까 황종은 노란색 종이라는 의미죠.

여기에서 노란색은 가운데, 곧 중심을 나타냅니다. 옛날 황제들이 입는 옷이 노란색인 이유도 황제는 중심에 있는 사람이었기 때문입니다.

당시 사람들은 어느 곳에도 치우치지 않는, 한가운데 있는 황종으로 소리의 중심을 맞추고 조화로운 소리를 냈을 때 아름다운 음악 소리를 만들 수 있다고 여겼습니다. 그래서 대나무 통을 자르고 붙이면서 다양한 소리를 내려고 노력했고, 음과 양이 어우러지는 음을 만들어 냈지요.

대나무 통으로 만드는 수

임금이 이렇게 말하였다.

"중국의 경은 서로 화합하지 않는데 우리가 만든 경은 올바르게 된 것 같다. 경석을 얻은 것이 다행이며, 지금 소리를 들으니 매우 맑고 아름답다. 율을 만들어 음을 비교한 것은 뜻하지 않은 데서 나왔으니, 내가 매우 기쁘도다. 그런데 이칙 1매의 소리가 약간 높은 것은 무엇 때문인가?"

박연이 즉시 살펴보고 "가늠할 때 사용한 먹이 아직 남아 있으니 다 갈지 않아 그렇습니다."라고 아뢰고, 물러가서 남은 먹줄을 갈아 먹줄이 다 없어지자 소리가 바르게 되었다.

『조선왕조실록』 세종 15년(1433) 1월 1일

1433년 1월 1일, 새해 첫날이 밝자 세종대왕은 잔치를 베풀었습니다. 궁중의 행사에는 항상 음악을 연주하는데요. 이때 처음으로 중국의 음악이 아닌 조선의 음악인 아악을 연주하면서 경이라는 악기를 사용했습니다. 경은 편경이라고도 하는데, ㄱ자 모양의 돌로 만든 악기입니다.

이날 세종대왕은 처음 연주되는 아악을 감상하다가 소리 하나가 유독 귀에 거슬렸습니다. 가만히 들어 보니 '이칙'에 해당하는

편경

소리가 약간 높았습니다. 이칙은 음계 중의 하나로, 동양 음악의 십
이율 가운데 아홉 번째에 해당하는 음입니다. 그래서 이칙의 소리
가 약간 높은 이유가 무엇인지 묻자 깜짝 놀란 박연이 아악 연주에
사용된 편경을 살펴보았습니다.

편경에는 소리의 높낮이에 따라 크기를 다르게 한 옥돌인 경쇠
가 매달려 있는데, 이칙이라는 음에 해당하는 경쇠에 먹줄이 약간
남아 있었던 것이었습니다. 경쇠를 다듬을 때는 그 크기에 맞춰 먹
줄을 그어 놓는데, 경쇠에 먹줄이 조금 남아 있다는 것은 경쇠의 무
게와 길이에 미세한 차이가 있다는 것을 말합니다.

박연이 경쇠에 남은 그 먹줄이 없어지도록 갈아 내자 비로소 소리가 바르게 되었습니다. 미세한 차이로 음이 맞지 않았다는 것은 경쇠마다 일정한 비율로 크기가 정해져 있다는 뜻이기도 합니다.

율관은 글자 그대로 음을 내는 긴 통이라는 뜻으로, 대나무로 만들어진 악기입니다. 율관은 대나무 통의 길이가 조금씩 다른 피리

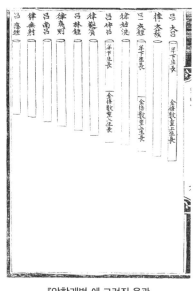

『악학궤범』에 그려진 율관

같은 모양을 하고 있습니다. 그럼 율관의 길이를 길게 또는 짧게 만들 때 대충 만들어도 될까요? 절대 그렇지 않습니다.

옛날에 기장쌀이라고 하는 곡식으로 율관의 길이를 재는 기준을 정했습니다. 그런데 왜 사람들이 많이 먹는 쌀이나 보리, 콩 같은 곡식이 아니라 기장쌀로 했을까요?

기장쌀은 옛날부터 하늘에 제사를 지낼 때 사용하던 곡식이었습니다. 그래서 율관을 만들 때 아무 곡식이나 사용하지 않고 귀하고 신성한 곡식이라고 생각한 기장쌀로 율관의 길이를 정한 것입니다.

물론 기장쌀의 크기가 모두 일정한 것은 아니라서 오차가 생기

1200개

90개

3개

● × 1 = 1분
● × 100 = 1척
● × 1,000 = 1장
● × 10,000 = 1인

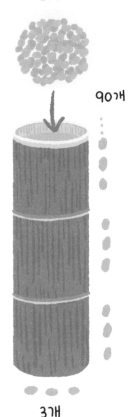

기장쌀로 율관의 길이 재기

기도 했는데요. 이 오차를 줄이기 위해 많은 방법을 찾았습니다. 율관을 만들기 위해서는 먼저 기준이 되는 대나무 통을 만들어야 했습니다. 기준이 되는 통을 만들기 위해서는 기준이 되는 음을 정해야 하는데, 이것을 황종이라고 합니다.

기준 음을 정할 때 만든 종을 황종이라고 하고 황종이 내는 소리도 황종이라고 합니다. 그러니까 황종 율관에서 나오는 소리가 바로 황종 음이 되는 것이지요. 황종이 기준 음이 되기 때문에 먼저 이것을 정해야 나머지 음에 해당하는 대나무 통의 길이를 정할 수 있었습니다.

먼저 황종의 음을 낼 수 있는 통을 대나무로 만들었습니다. 이 대나무 통을 황종관이라고 불렀는데, 대나무 통의 길이는 9촌이고 지름은 3분입니다. 촌은 무엇이고 분은 무엇일까요? 촌이나 분은 옛날에 길이를 재는 단위입니다. 지금의 센티미터, 미터와 같은 단위이지요.

황종 음을 내는 통을 만들기 위해서는 먼저 기장쌀 하나를 골라야 합니다. 그리고 그 길이를 1분이라고 정했습니다. 대나무 통의 지름은 3분이라고 했으니까 기장쌀 3개를 줄지어 늘어놓은 것과 같겠지요?

마찬가지로 대나무 통의 길이는 기장쌀 90개를 줄지어 놓으면 됩니다. 그러니 황종관 하나의 크기는 기장쌀 3개의 지름과 기장쌀 90개의 길이라고 보면 되는 것입니다. 그 기준에 맞는 대나무 통 안에 기장쌀을 넣으면 1,200개가 들어가지요.

이 방법으로 기장쌀 1개를 1분, 10개를 1촌, 100개를 1척으로 정하고, 1,000개는 1장, 10,000개는 1인으로 정했습니다. 율관을 만들기 위한 단위를 정하고 길이를 재는 자를 만들기도 했습니다.

대나무 통에서 만들어진 소리

동양에서는 세상의 이치를 음과 양으로 나눈다고 이야기했었죠? 소리도 마찬가지인데, 소리에도 양의 소리가 있고 음의 소리가 있습니다. 양의 소리가 6개, 음의 소리가 6개입니다. 두 가지를 합하면 6+6=12이니, 모두 12개의 음계가 됩니다. 각각의 이름은 황종 대려 태주 협종 고선 중려 유빈 임종 이칙 남려 무역 응종입니다.

율관을 만들 때 기준 음이 황종 음이라고 했었지요? 그래서 열두 음의 첫 번째가 황종이고, 이를 기준으로 모두 12개의 음이 만들어진 것입니다.

이름이 모두 한자로 되어 있어 어렵지만 외울 필요는 없습니다. 양의 소리 6개와 음의 소리 6개가 더해서 12개의 소리가 있다는 것만 알고 있으면 됩니다.

12개의 음에서 양의 소리를 육률이라고 부르는데, 홀수에 해당하는 것입니다. 홀수는 양, 짝수는 음으로 정했습니다. 12개의 음 중에서 첫 번째 세 번째 다섯 번째 일곱 번째 아홉 번째 열한 번째 소리에 해당하는 것은 황종 태주 고선 유빈 이칙 무역입니다.

육려라고 부르는 음의 소리는 짝수에 해당하는 것입니다. 12개의 음 중에서 두 번째 네 번째 여섯 번째 여덟 번째 열 번째 열두 번째 소리에 해당하는 것은 대려 협종 중려 임종 남려 응종입니다. 이 12개의 음은 계절에 맞춰서 싹이 나고 꽃이 피고 자라고 열매를 맺고 땅으로 돌아가는 것을 순서대로 맞춰서 정해 놓았습니다.

그렇다면 이 십이율은 어떻게 만들어졌을까요? 대충 아무렇게나 12개의 음을 지정하지는 않았겠지요? 기준이 되는 음이 서로 어울리면서 아름다운 선율을 만들어 낼 수 있어야 하고, 각각의 음계는 서로 어울릴 때 어떤 규칙성을 가지고 있어야 합니다. 그래야 듣기 좋은 아름다운 음악을 만들어 낼 수 있습니다. 규칙성이 없다면 듣기 싫은 소음이 되고 말지요.

12개의 음을 만들 때는 삼분 손익법이라는 방법을 사용했습니다. 삼분 손익법은 글자 그대로 풀이하면 3등분으로 나눠서 줄이거나 더하는 방법을 말합니다.

무엇을 3등분 했다는 말일까요? 앞에 말한 율관이라는 원통을 3분의 1로 나눈 후에 3분의 1을 줄이면 율관의 길이가 짧아지게 됩니다. 그러면 짧은 율관에서 나는 소리의 이름을 정하는 식으로 음을 만들었습니다.

예를 들어 황종이라는 음이 나는 율관을 3등분으로 나눈 후에 3분의 1을 줄이면 '임종'이라는 소리가 납니다. 그리고 임종의 소리가 나는 율관을 다시 3등분으로 나눈 후에 3분의 1을 더하면 '태주'라는 소리가 납니다.

이렇게 율관을 3분의 1로 나눈 후에 거기에서 더하고 빼기를 반복하면 12개의 음이 나옵니다. 3분의 1을 더하는 것을 삼분익일이라고 하는데 익일은 1을 더한다는 뜻입니다. 3분의 1을 빼는 것을 삼분손일이라고 하고, 손일은 1은 뺀다는 뜻입니다. 3분의 1을 더

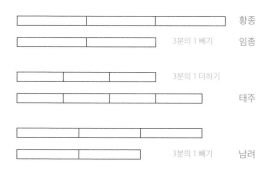

12개의 음을 만드는 삼분 손익법

하는 삼분익일과 3분의 1을 빼는 삼분손일을 합하는 방법을 삼분손익법이라고 하는 것이지요.

양의 음이 음의 음을 낳을 때 3분의 1을 빼주고, 음이 양을 낳을 때 3분의 1을 더해줍니다. 삼분 손익법에 따르면 기준이 되는 황종 음의 길이를 9촌이라고 할 때, 황종이 음의 음인 임종을 낳을 때 9의 3분의 1인 3을 빼면 9-3=6이므로 임종의 길이는 6촌이 됩니다. 임종이 양의 음인 태주를 낳으면 3분의 1을 더해야 하는데, 임종의 길이인 6촌에서 3분의 1인 2를 더하면 6+2=8이므로 태주의 길이는 8촌이 됩니다.

복잡해 보이지만 기본 음 황종에서 3분의 1을 빼고 더하면서 음과 양의 음 12개를 만들어 낼 수 있습니다. 3분의 1의 음에서 3분의 1을 늘리고 줄이는 방법이니 3분의 1의 숫자가 규칙적으로 반복되는 것입니다.

이렇게 만들어진 음은 들을 때 귀에 거슬리지 않는 소리가 되고 서로 조화롭게 잘 어울려 아름다운 음악을 만들 수 있게 됩니다. 이제는 음악에도 수학의 신비가 들어 있다는 것을 알겠지요?

율관에서 만들어진 12개의 음으로 몇 월인지 점을 치기도 합니다. 과연 어떤 방법을 사용했을까요? 먼저 삼중으로 밀폐된 방 안에 나무 탁자 12개를 둥글게 둘러놓습니다. 그리고 황종 태주 고선 유빈 이칙 무역 대려 협종 중려 임종 남려 응종의 십이율관 안에 갈대의 재를 채워 넣어 탁자에 각각 하나씩 올려놓습니다.

율관 안에 있는 갈대의 재는 각각의 율관이 해당하는 달이 되면 살짝 날아 움직였다고 합니다. 예를 들어 '자월'에 해당하는 황종 율관의 재가 날아 움직이면 11월이 되었다는 것을 알려주는 것입니다.

옛날에는 십이지라고 해서 자(쥐) 축(소) 인(호랑이) 묘(토끼) 진 (용) 사(뱀) 오(말) 미(양) 신(원숭이) 유(닭) 술(개) 해(돼지)가 있었습니다. 요즘 우리가 띠로 알고 있는 십이 동물의 상징입니다. 십이지는 시간을 나타내거나 월이나 년을 나타낼 때 많이 사용합니다. 우리가 각자 태어난 해에 따라 띠가 정해지는 것도 이 때문입니다.

자월은 십이지에서 첫 번째에 해당하고 1년의 시작도 '자'라고 합니다. 자월은 동지가 있는 11월을 나타내는데, 옛날에는 1년의 시작을 동지로 보았기 때문입니다. 이렇게 과거에는 율관을 이용해 황종 11월부터 시작해서 응종 10월까지 열두 달을 알아보았다고 합니다. 몇 월인지 알기 위해 왜 이렇게 복잡한 방법을 사용했을

율	황종	대려	태주	협종	고선	중려	유빈	임종	이칙	남려	무역	응종
월	11	12	1	2	3	4	5	6	7	8	9	10
진	자	축	인	묘	진	사	오	미	신	유	술	해

십이율과 열두 달

까 하는 의문이 생길 수 있습니다. 그렇지만 달력이 없던 과거에 사람들이 그만큼 철저하게 12개의 율관을 믿을 수 있도록 수학적인 원리가 들어 있었다는 점을 기억하면 좋겠습니다.

튼튼하고 아름다운
건물을 계산하라

숫자로 이루어진 경회루

경복궁은 조선 왕조 최고의 궁궐입니다. 지금도 서울에서 많은 관광객이 찾는 국가유산으로 인기를 얻고 있습니다. 그러나 경복궁은 1553년에 화재가 발생하기도 했었고, 1592년에 일어난 임진왜란 때는 불에 타서 사라진 적도 있습니다.

조선이 건국된 뒤에 한양을 수도로 정하고 경복궁을 처음 지을 때, 경복궁의 자리가 관악산의 불기운이 닥치는 곳이라고 해서 그 기운을 막기 위해 여러 가지 방법을 사용했다고 합니다. 관악산이 경복궁의 남쪽에 있기 때문에 남대문 앞에 인공 연못인 남지를 파서 물의 기운으로 불의 기운을 막으려고 했습니다. 또 경복궁의 출

입문인 광화문 앞에 불을 막는다고 알려진 상상의 동물인 해태 석상을 세우기도 했습니다.

그것으로도 부족해서 경복궁 안에 인공 연못을 파고 그 위에 건물을 지었는데요. 바로 경회루입니다. 경회루는 왕자가 태어나거나 세자의 결혼식 또는 왕의 회갑 잔치 등 나라에 경사가 있으면 연회를 여는 곳이었습니다. 또 외국에서 손님이 올 때도 이곳에서 잔치를 열었습니다. 우리나라 건축물 중에서 가장 규모가 큰 누각이며 보기 드물게 2층으로 지어졌습니다. 경복궁을 화재로부터 지키기 위해 만들어진 경회루는 두 번이나 불이 나서 없어졌다가 고종 4년(1867)에 경복궁을 중건하면서 다시 만들어졌습니다.

이 그림은 『경회루전도』 마지막에 실려 있는 36궁의 그림입니다. 『경회루전도』는 1867년 경회루를 다시 세울 때 정학순이 건축 구조와 원리를 설명하기 위해 만든 책입니다.

조금 더 자세히 알아볼까

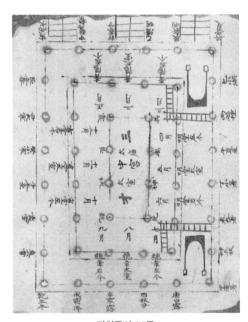

경회루의 36궁

요? 경회루는 세 겹으로 이루어진 구조의 2층 건물입니다. 가장 안쪽은 3칸의 중궁으로 만들어졌습니다. 3칸은 하늘과 땅과 사람을 나타내는 삼재를 상징합니다. 중궁은 8개의 기둥이 둘러싸고 있는데 기둥 8개는 만물의 생성 원리를 상징하는 8괘를 나타낸 것입니다. 8개의 기둥 사이에는 문을 4개씩 냈는데 8×4=32로 모두 32개의 문이 있습니다. 그러니까 가장 안쪽인 첫 번째 겹에는 숫자 3 8 4 32의 숫자가 숨어 있는 것이지요.

두 번째 겹은 12칸으로 만들어졌는데, 일 년이 열두 달로 이루어져 있는 것을 의미합니다. 그래서 그림을 살펴보면 기둥마다 시계 방향으로 음력 1월부터 12월까지 쓰여 있습니다. 1월은 정월이라고도 합니다.

두 번째 겹의 기둥은 모두 16개이며, 그 사이사이마다 문이 4개씩 있어 16×4=64로, 총 64개의 문이 있습니다. 이것은 『주역』의 64괘를 의미합니다. 『주역』의 괘는 8괘를 중복해서 만들었기 때문에 8×8=64입니다. 그러니 두 번째 겹에는 12 16 4 64의 숫자가 숨어 있지요.

세 번째 겹은 20칸으로 만들어졌으며, 기둥은 24개입니다. 24는 이십사방위와 이십사절기를 상징합니다. 농사짓는 것이 가장 중요한 시대였기 때문에 입춘 우수 경칩 같은 이십사절기를 상징으로 사용한 것입니다.

첫 번째 겹의 기둥 8개와 두 번째 겹의 기둥 16개, 세 번째 겹의 기둥 24는 8 8×2=16 8×3=24로 이어지는 8의 배수라는 것을 알 수 있습니다. 이 숫자를 모두 더하면 8+16+24=48입니다. 세 번째 겹에는 20 24 8 16 48의 숫자가 숨어 있지요. 경회루의 방과 기둥과 창문 등에는 이런 숫자의 비밀이 담겨 있습니다.

경회루를 보면 연못 위에 우뚝 서 있는 모습이 웅장하고 멋있는데, 거기에는 건물을 둘러선 기둥도 한몫을 하고 있습니다. 경회루의 기둥을 자세히 살펴보면 안쪽의 기둥은 원형이고 바깥쪽의 기둥은 사각형입니다. 하늘은 둥글고 땅은 네모지다는 천원지방의 사상을 담았기 때문입니다.

경회루를 지배하는 숫자 6

경회루의 36궁은 주역에서 사용하는 '효'의 숫자 6이 여섯 번 겹쳐서 만들어 내는 숫자 36을 나타냅니다. 6×6=36이지요. 여기에서 '효'는 주역의 괘를 만드는 음과 양의 줄을 말하는 것입니다. 그림처럼 하나의 괘에 6개의 줄이 있지요.

36에서 태극의 수인 1을 빼면 36-1=35가 됩니다. 음양의 원리에서 양의 기운이 가장 왕성할 때 그 안에 음의 기운 1이 생겨나고,

괘

음의 기운이 가장 왕성할 때 그 안에 양의 기운 1이 생겨난다고 합니다. 그래서 수를 꽉 채우지 않고 태극 수 1을 빼주는 것입니다.

다시 말하면, 실제로는 35를 만들고 태극의 수 1을 더한 셈 치고 36궁이라고 부르는 것이지요. 경회루 36궁이라고 이름을 붙이지만 실제로는 35칸으로 지어진 이유가 바로 이것 때문입니다.

또 하나, 숫자 6에는 비밀이 있습니다. 앞서 경회루는 불을 막기 위해 건설했다고 했는데요. 여기서 숫자 6을 사용한 특별한 이유가 밝혀집니다. 그건 바로 6이 물을 상징하는 숫자이기 때문입니다. 그래서 물의 숫자 6을 여섯 번 반복하여 36궁을 만들고자 36에서 태극 수 1을 뺀 35칸을 만든 것입니다.

경회루의 12개 기둥, 24개 기둥, 36궁. 이 숫자도 $6 \times 2 = 12$ $6 \times 4 = 24$ $6 \times 6 = 36$으로 6의 숫자를 반복하여 사용한 것입니다. 경회루의 기둥은 $8 + 16 + 24 = 48$개입니다. 이 48개의 기둥 숫자도 6이 여덟 번 반복되어 $6 \times 8 = 48$이 되도록 한 것입니다. 물의 숫자 6이 계속 반복되어야만 불의 기운을 막을 수 있다고 믿었던 것이죠.

건물을 짓는 자, 영조척

이번에도 문제를 하나 풀어 볼까요?

문제: 사다리꼴 형태의 물길을 파려고 하는데 전체 길이가 7,550척입니다. 사다리꼴 단면의 윗변 길이가 54척이고, 아랫변 길이가 40척이며, 깊이가 12척이어야 합니다. 하루에 인부 한 명이 300척의 물길을 판다면 이때 필요한 인부는 몇 명일까요?

이 문제는 개천 공사를 하는데 공사할 개천의 규모를 알려 주고 하루에 몇 명의 인부가 필요한지 물어보는 내용입니다. 공사의 규모에 따라 필요한 인부의 수를 정확히 계산해야 적정한 비용으로 공사를 기간 안에 잘 마칠 수 있습니다.

인부 수를 실제로 필요한 사람보다 많이 계산하면 비용을 낭비하게 되고, 적게 계산하면 한 명당 더 많은 일을 해야 해서 일하는 인부가 힘들어집니다. 나라에서 하는 공사이기 때문에 공사비는 나라에서 지불하게 되지만, 그 돈은 백성들이 피땀 흘려 낸 세금입니다. 백성의 세금을 낭비하는 것이나 백성에게 일을 더 많이 시켜 힘들게 하는 것이나 모두 그들을 괴롭히기는 마찬가지입니다. 그래서 필요한 인원을 고용하기 전에 적정한 수를 미리 계산해야 하는 것이죠.

이 문제의 답은 14,194명입니다. 사다리꼴 윗변과 아랫변의 길이를 더한 후 절반으로 나누면 54+40=94, 94÷2=47로 47입니다. 여기에 깊이 12를 곱하면 47×12=564입니다. 여기에 길이 7,550을 곱하면 564×7,550=4,258,200으로 물길의 총 부피가 됩니다. 인부 한 명이 하루에 물길 300척을 팔 수 있다면, 4,258,200÷300=14,194가 되므로 하루에 필요한 인부의 수는 14,194명입니다.

이 문제는 조선 시대 수학책에 기록된 수학의 분류 방법 중에서 '상공'에 해당합니다. 상공은 토목 공사의 공정과 부피 등을 다룰 때 사용하는 방법입니다. 집을 짓거나 성을 쌓거나 하천 공사 등을 할 때 필요한 계산법을 다룬 것이지요. '상(商)' 자는 헤아린다는 뜻을 가진 글자인데 필요한 노동력을 계산하는 방법입니다.

예를 들어 가로의 너비와 세로의 높이나 깊이를 이용하여 성이나 해자, 도랑이나 수로의 부피를 구할 때 사용합니다. 또, 흙을 수레에 싣거나 등에 지고 오고 갈 때 걸리는 시간을 이용하여 운반 거리를 계산하고, 싣고 부리는 공정을 구하는 계산도 모두 상공에 해당합니다.

이 문제에서 길이가 몇 척이고 깊이가 몇 척이라고 할 때 척의 단위는 어떻게 될까요? 지금은 서양에서 들어온 미터나 킬로미터로 길이의 단위를 측정하는데, 옛날에는 어떻게 길이를 측정을 했을까요?

조선 시대에는 길이를 재는 자가 쓰임에 따라 여러 종류가 있었습니다. 옷을 만들 때 치수를 재는 자는 포백척이고, 제사나 행사에 필요한 그릇을 만들 때 사용하는 자는 조례기척이며, 토지의 넓이나 거리를 잴 때 사용하는 자는 양전척이라고 합니다.

여러 종류의 자 중에서 집을 짓거나 성벽을 건축할 때 사용하는 자는 영조척입니다. 짓는다는 뜻의 '영(營)' 자와 만들다, 세우다는 뜻의 '조(造)' 자를 써서 주로 건축과 토목에 사용하는 자를 말합니다. 수레나 배를 만들 때도 사용했습니다.

용도에 맞게 자를 따로 만들어 사용하기도 하고 두 종류의 자를 하나의 자에 넣거나 모든 용도의 자를 한꺼번에 묶어 통용해서 쓰기도 했습니다.

영조척

예를 들어서 자 하나에 포백척과 영조척을 다 담으려면 앞면에는 포백척을, 뒷면에는 영조척의 눈금을 표시했습니다. 옷감을 잴 때는 앞면의 포백척을 사용하고 창문의 크기를 잴 때는 영조척을 사용할 수 있다는 뜻입니다. 사각기둥의 형태로 만들어 각 면마다 네 종류의 자의 눈금을 표시하기도 했지요.

조선 시대에는 신분을 숨기고 전국을 돌아다니며 탐관오리를 잡아내는 암행어사가 있었습니다. 그들이 지방을 순찰하며 각 지방에서 사용하는 자를 살펴보니 서울에서 사용하는 자보다 더 길게 만들어진 경우가 있었습니다. 지방에서 규격에 맞지 않는 자를 마음대로 만들어 낸 것이었지요. 자가 더 길면 백성에게 더 많은 세금을 거둘 수 있고, 중앙에 올려 보낼 때 표준자와의 차이만큼을 빼돌릴 수 있게 됩니다.

이런 경우가 종종 있었기 때문에 암행어사는 마패와 함께 놋쇠로 만든 자인 유척을 가지고 다니며 지방의 자가 기준에 맞는지 조사했습니다.

표준자를 만들어 전국 어디에서나 똑같이 사용하지 않으면 건축물에 들어가는 자재에도 오차가 생기고, 건축의 하중을 계산하는 데도 오류가 생겨서 나중에 튼튼한 건물이 될 수 없습니다.

또한 건물을 짓는 데 동원되는 백성들도 일한 만큼 정확한 임금을 받을 수도 없지요. 나라에서 표준자를 만들어 전국적으로 통일한 데에는 백성을 사랑하는 마음이 담겨 있는 것입니다.

운명을
계산하라

동전이 알려 주는 조선의 수도

고려의 무신이었던 이성계는 새로운 나라 조선을 세우고 태조가 되었습니다. 그는 자신이 신하로 있던 나라의 수도인 개성에서 새 나라를 시작할 수는 없었습니다. 그래서 지금의 서울, 즉 한양으로 수도를 옮겼습니다. 그런데 조선의 2대 임금 정종은 경복궁에 까마귀와 까치가 모여들자 불길하다며 다시 수도를 개성으로 옮겼습니다.

그러나 정종이 이 년 만에 왕위에서 물러나자 3대 임금인 태종은 수도를 다시 정하려고 했습니다. 태종은 어떤 방법으로 수도를 정하려고 했을까요? 태종이 수도를 정하는 방법은 바로 동전 던지기였습니다.

동전 던지기로 점치는 것을 던질 '척(擲)' 자에 돈 '전(錢)' 자를 써서 '척전'이라고 합니다. 동전을 던져서 나오는 경우의 수를 가지고 좋은지 나쁜지 알아내는 방법입니다. 나라의 수도를 동전 던지기로 정했다니 믿을 수가 없지요? 그런데 이전에 고려의 태조 왕건도

척전으로 수도를 결정하는 태종과 신하들

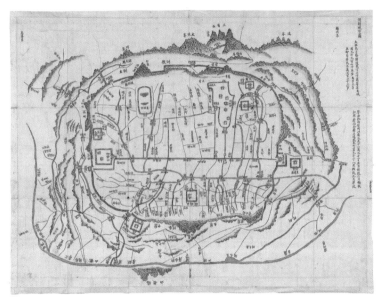

조선 시대 서울 지도인 〈조선성시도〉

동전 던지기로 수도를 정했다는 얘기가 『조선왕조실록』에 나와 있습니다. 당시 사람들에게는 단순한 놀이가 아니었던 것이지요.

태종은 동전을 던져서 수도를 정하기로 하고 여러 신하에게 동전을 던지게 하여 한양으로 수도를 정했습니다. 지금도 간단하게 어떤 일을 결정할 때 동전을 던지기도 하지만, 나라의 수도를 정하는 중대한 일에도 동전을 던졌다는 것이 납득이 가지 않을 수 있습니다. 그렇지만 동전 던지기가 당시에는 어떤 일을 결정할 때 중요하게 다루어졌다는 것을 이해해야 합니다.

동전을 던져서 점을 치는 척전은 척괘 또는 돈점이라고도 부릅

경우의 수	앞면	뒷면	확률
①	2	1	7
②	1	2	8
③	0	3	9
④	3	0	6

척전 경우의 수

니다. 이때 동전은 3개를 던집니다. 왜 하필 3개일까요? 앞에서 살펴봤듯이 3이라고 하는 숫자가 하늘 땅 사람을 나타내는 완전한 숫자이기 때문입니다. 동전 3개를 던지면 3개 모두 앞면이 나오는 경우, 2개만 앞면 1개가 뒷면이 나오는 경우, 1개가 앞면 2개가 뒷면이 나오는 경우, 3개 모두 뒷면이 나오는 경우가 있습니다. 앞뒤 양면을 가지고 있는 동전 3개를 던지면 나오는 경우의 수는 바로 4개인 것이죠. 3개의 동전을 세 번 던져서 하나의 괘를 만든 뒤 좋고 나쁜 것을 판단하기도 했습니다.

퇴계 이황의 『퇴계집』에도 동전 던지기로 점치는 법을 자세히 설명해 놓았습니다. 『주역』에 정리된 64괘를 본받아서 괘에 나오는 숫자를 풀이한 것이라 당시 사람들은 아무도 미신이라고 생각하지 않았습니다. 그래서 동전을 던져서 한양을 수도로 정한 것에 대해 누구도 반대할

척전의 경우의 수

〈척전놀이하는 아이들 사진엽서〉

수 없었던 것이죠.

　그렇다면 동전을 던져서 나오는 숫자에 따라 좋고 나쁜 것을 예
상하던 사람들은 어떤 상황에서 점을 쳤을까요? 대개 과거에 합격
할 것인지 아니면 벼슬이 오를 것인지, 혹은 재물이나 가정의 안녕
에 대해 점을 치는 경우가 많았다고 합니다.

　이처럼 척전은 오래전부터 사용하던 점치는 방법입니다. 그 방
법이 간단하고 주변에서 쉽게 구할 수 있는 동전을 사용하기 때문
에 일상생활에서 오랫동안 사용되었습니다. 나중에는 놀이로 바뀌
어 일제 강점기에는 척전을 하는 어린아이들의 모습을 담은 우편
엽서가 발행되기도 했습니다.

톱풀로 만든 8괘

다시 조선의 수도를 정하던 그 순간으로 돌아가 봅시다. 태종이 수도를 정하기 위해 신하에게 점을 쳐 보자고 하자 신하는 "종묘 안에서는 척전을 할 수 없으니 시초로 점치는 것이 좋겠습니다"라고 대답했습니다. 그러나 당장 시초가 없었고 당시에는 사용하지 않는 방법이니 예외적으로 동전을 던져 점을 쳤다고 합니다. 원래는 동전 대신 시초로 점을 쳐야 했다는 뜻이지요. 여기에서 시초란 무엇일까요?

시초는 톱풀 또는 가새풀이라고도 부르는 식물입니다. 상서로운 풀이라서 점칠 때 사용합니다. 하나의 시초 뿌리에 줄기 100개가 자라면 그 아래에 신령한 거북이 시초를 지키고 있고, 그 위에는 항상 푸른 구름이 덮고 있다고 합니다. 이러한 이유로 시초는 신성한 존재였지요. 이처럼 시초로 점치는 것을 시초점이라고 하는데, 시초의 줄기를 사용하여 숫자를 계산해서 점을 치는 것이라 숫자점이라고도 합니다.

옛날에 중국의 황하에 몸이 용 비늘로 되어 있는 말인 용마가 나타났는데, 등에 무늬가 있었습니다. 이 무늬는 1부터 10까지의 숫자를 나타냈고, 이 숫자를 모두 더하니 $1+2+3+4+5+6+7+8+9+10=55$라는 숫자가 나왔습니다. 사람들은 용마 등에 있는 숫자 55를 가

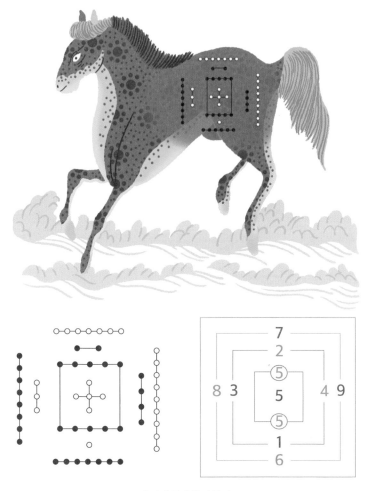

용마와 용마 등의 무늬

지고 8괘를 만들었습니다.

8괘는 하늘 땅 우레 바람 물 불 산 연못 8가지를 상징합니다. 이 것은 우주 만물의 근본을 나타냅니다. 8괘는 『주역』의 8괘가 되고,

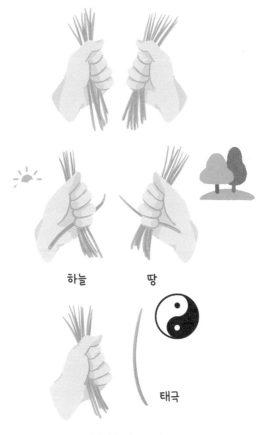

하늘 땅

태극

시초점을 치는 방법

다시 여덟 번 겹쳐지며 8×8=64가 되어 『주역』의 64괘가 완성되었습니다.

시초점을 칠 때 시초의 줄기 50개를 사용하지만 1개는 태극을 상징하기 때문에 움직일 수 없으니 빼놓고 쓰지 않아서 결국 50-1=49개로 시작합니다. 49개의 시초 잎은 임의로 오른손과 왼손에 나눠 가지는데, 오른손은 땅의 수, 왼손은 하늘의 수를 의미합니다.

먼저 왼손에서 1개를 뽑아 왼손의 약지와 새끼손가락 사이에 끼웁니다. 그다음 오른손에 있는 시초 잎 중에서 4개를 덜어 내고 3개의 시초 잎을 왼손 손가락에 끼운 1개와 더합니다. 그럼 왼손 약지와 새끼손가락에 끼운 잎은 4개가 되겠지요? 그리고 오른손에서 시초 잎 4개를 덜어 내고 나머지를 오른손의 약지와 새끼손가락 사이에 끼우고 그 수를 더합니다. 이렇게 반복해서 음과 양의 숫자를 얻어 괘를 만듭니다.

이렇게 나온 괘를 가지고 『주역』에 나와 있는 64개의 괘 중에서 해당하는 괘의 풀이를 보고 점을 칩니다. 시초점은 치는 방법이 복잡하고 시초 풀을 구하기도 어려워서 나중에는 대나무 쪽이나 산가지를 가지고 점을 치기도 했습니다.

우주의 원리를 밝히는 『주역』

1에서 10까지의 숫자를 하늘과 땅으로 구분했다고 이야기했었지요? 하늘의 수는 양이고 홀수이며, 땅의 수는 음이고 짝수입니다. 1부터 10까지의 숫자를 음과 양으로 구분하여 우주 자연의 변화와 원리를 상징적으로 표현하는 것이 『주역』입니다. 음과 양이라는 두 가지를 가지고 나타낼 수 있는 원리는 0과 1로 나타내는 이진법이 떠오릅니다. 이진법이라는 단어를 들어본 적이 있나요? 이진법은 컴퓨터의 언어라고 할 수 있습니다.

이진법은 독일의 수학자 라이프니츠가 만들었습니다. 라이프니츠는 중국에 선교사로 가 있던 부베 신부가 보내온 『주역』 64괘의 그림을 보고 연구하여 이진법을 고안해 냈습니다.

『주역』에는 8×8=64개의 괘가 나옵니다. 아래 그림은 64괘를 표현한 그림입니다. 기운데는 가로 8, 세로 8로 64개의 괘를 그린 것이고, 바깥의 원은 64개의 괘를 원형으로 펼쳐 놓은 것입니다.

시초점은 숫자로 표현되고 숫자는 통계와 수리로 진화하면서

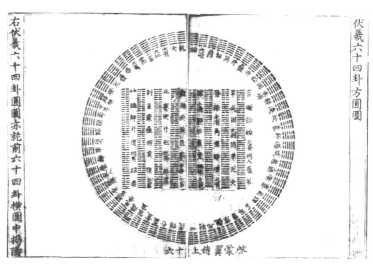

64괘 『주역본의계몽익전』

『주역』이 되었으며, 『주역』은 위대한 경전이 되었습니다. 처음에는 시초로 숫자를 뽑아 점을 치는 책이었지만, 그 속에 담긴 수의 조화를 통해 우주의 원리를 밝히는 데 중요한 역할을 하게 된 것이지요.

『주역』은 인류의 스승이라고 일컫는 공자가 읽고 또 읽으며 연구하다가 책의 끈이 세 번이나 끊어졌다는 일화가 있을 만큼 중요하게 여겼던 책이기도 합니다.

사람들이 점을 만든 이유는 경계하고 두려워하는 마음을 가지며, 올바른 것을 지키고 근심과 재앙을 걱정하기 위함이었다고 합니다. 당나라 때 수학책인 『손자산경』에 이런 문제가 있습니다.

문제: 임신한 부인의 나이는 29세이며 출산 예정 달이 9월이라면, 아들과 딸 중 무엇을 낳을까요?

정답: 아들

이 문제를 시초점을 가지고 풀어 보면, 시초점을 시작하는 수인 49에 출산하는 달인 9월을 더해 줍니다. 49+9=58, 58에서 부인의 나이 29를 빼면 58-29=29입니다. 29에서 하늘의 수 1, 땅의 수 2, 사람의 수 3, 춘하추동 사시의 4, 오행의 5, 육률의 6, 북두칠성의 7, 팔방에서 불어오는 바람인 팔풍의 8, 우임금이 정한 정치 도덕의 아홉 원칙인 구주의 9를 빼서 남은 숫자가 홀수면 아들이고 짝수면

딸입니다.

시초점의 시작인 49를 사용해 출산하는 달과 산모의 나이를 더하고 빼는 것까지는 이해가 가지만, 그 후 숫자 1부터 9까지 의미를 붙여 순서대로 빼는 것은 누구에게나 똑같이 계산되는 것이라 의미가 없어 보입니다. 하지만 과거에는 숫자가 주는 의미를 중요하게 생각해서 이런 식으로 숫자를 가지고 운명을 점쳤습니다. 비과학적으로 보일 수 있지만 옛 사람들에게 숫자가 얼마나 중요했는지 확인할 수 있지요.

조선 중기의 학자이며 퇴계 이황의 수제자인 이현일은 시초점을 쳐서 나온 점괘로 변화를 살필 수 있지만, 선한 일을 하며 옳지 않은 일을 멀리하는 것으로 복을 받을 수 있다고 말했습니다.

옛날 사람들은 점을 쳐서 운수가 나쁘게 나오면 자신이 선한 일을 적게 한 것이라 여겼습니다. 그래서 이웃이나 친구들을 도우며 선한 일을 많이 해야 한다고 생각했지요. 반면에 좋은 점괘가 나오면 그동안 좋은 일을 많이 한 것을 떠올리며 기분 좋게 복을 받을 준비를 했습니다. 당시 사람들이 점을 쳤던 이유는 올바르고 선한 일을 해서 얻게 될 결과를 좀 더 확실하게 믿기 위함이 아닐까요?

실제의 거리를
계산하라

동양 최초의 세계 지도

조선의 3대 임금인 태종 때 만든 지도가 있습니다. 이 지도 중앙
에는 중국이 크게 자리 잡고 있고, 유럽과 아프리카는 무척 작게 그
려져 있습니다. 얼핏 보면 유럽과 아프리카가 표시되어 있는지 헷
갈릴 정도입니다. 아메리카 대륙은 흔적도 없으며 남반구의 호주
나 뉴질랜드도 없습니다.

이 지도는 1402년, 즉 15세기에 만들어진 세계 지도입니다. 방
금 말한 내용을 토대로 당시 조선인들의 세계관을 알 수 있습니다.
중국이 한가운데 가장 크고 자세하게 그려진 것으로 보아 조선은
중국 중심의 세계관을 가진 나라였던 것이지요.

이 지도는 현재 남아 있는 동양에서 가장 오래된 세계 지도입니다. 이름은 〈혼일강리역대국도지도〉인데, 줄여서 〈혼일강리도〉라고도 부릅니다. 종이 대신 비단에 그려진 이 지도는 크기가 가로 164센티미터, 세로 148센티미터로 상당히 큰 편입니다.

조선 태종 때 유럽과 아프리카까지 모두 표시된 세계 지도를 만들었다는 것에 깜짝 놀랄 수밖에 없지요? 어떻게 조선에서 전 세계를 담은 지도를 그릴 수 있었을까요? 당시에 유럽과 아프리카에 가 보기라도 한 것일까요?

이 지도는 중국 원나라의 이택민이 만든 지도 〈성교광피도〉와 승려 청준이 만든 지도 〈혼일강리도〉를 바탕으로 제작한 것입니다. 왜 하필 원나라 지도일까요? 원나라는 13세기에 몽골 제국이 중국에 세운 나라입니다. 몽골 제국의 징기스 칸이 아시아를 넘어 유럽까지 정벌했기 때문에 원나라 사람이 만든 지도에 유럽과 아프리카 대륙이 등장할 수 있었던 것입니다.

태종은 나라를 잘 다스리기 위해서는 먼저 국토를 제대로 파악할 수 있는 지도를 만들어야 한다고 생각했습니다. 하지만 실제와 다르게 마음대로 크거나 작게 그린다면 지도의 역할을 할 수 있을까요? 당시 조선인들이 〈혼일강리역대국도지도〉처럼 실제 크기와 다르게 지도를 만든 데에는 나름대로 이유가 있었습니다. 실제와 차이가 있기는 하지만 크기를 아무렇게 조정한 것은 아닙니다. 자신들의 기준과 세계관을 투영해서 만든 것이지요. 그럼 조선 시대에는 모두 이렇게 실제 크기와 차이가 있는 지도만 있을까요? 그건 아닙니다. 과거에도 정확한 거리를 재기 위하여 여러 방법을 고안했습니다. 함께 살펴볼까요?

거리를 재는 수레, 기리고거

현대에는 인공위성으로 거리를 정확하게 측정할 수 있지만 인공위성이 없던 조선 시대에는 어떤 방법을 사용했을까요? 처음에는 사람의 발걸음 수로 거리를 쟀습니다. 그러나 같은 거리라도 다리가 긴 사람과 다리가 짧은 사람의 걸음 수가 달랐습니다. 다리가 짧은 사람의 걸음 수가 더 많이 나왔겠지요. 이렇게 사람마다 걸음의 폭이 다르다보니 이 방법을 사용하면 항상 오차가 생겼습니다.

그다음으로 나온 방법이 짚을 굵게 꼬아 만든 새끼줄을 사용하여 거리를 재는 방식입니다. 하지만 이 방법에도 치명적인 단점이 존재했습니다. 덥고 습도가 높으면 줄이 늘어나고, 춥고 습도가 낮으면 줄이 줄어들었습니다. 또 줄을 너무 오래 사용하면 줄이 느슨해지기 때문에 오차가 생기기도 했지요. 먼 거리를 재려면 긴 줄을 가지고 다녀야 하는데 그것도 쉬운 일이 아니었습니다. 사람의 힘을 적게 쓰고 오차를 줄여 정확하게 거리를 계산하는 방법은 없었을까요?

1441년에 세종대왕은 온천에 가면서 처음으로 초여와 기리고를 사용했다고 합니다. 초여는 말 한 마리가 끌 수 있는 작은 수레입니다. 기리고는 기록할 '기(記)' 자, 거리 '리(里)' 자, 북 '고(鼓)' 자를 써서 글자 그대로 '거리를 기록하는 북'이라는 뜻입니다.

북이 거리를 기록한다니 이게 무슨 말일까요? 기리고는 수레의 바퀴 둘레를 이용했습니다. 거리를 재는 장치를 달아서 바퀴가 한 바퀴 돌 때마다 그것을 기록해 일정 거리가 되면 북이 울리도록 한 것입니다. 초여의 바퀴로 거리를 재고 그것을 북이 알리는 방식인데, 기리고가 있는 수레는 수레 '거(車)' 자를 붙여 기리고거라고 불렀습니다. 대장거 혹은 기리거라고도 합니다.

바퀴 둘레를 1리의 100분의 1에 해당하는 둘레로 만들었기 때문에 바퀴가 백 번 돌면 1리가 됩니다. 이때 나무로 만든 인형이 북을 치면서 1리가 되었다는 것을 알려 줍니다. 예를 들어 나무 인형이 북을 육십 번 치면 60리가 된 것이지요.

일부러 힘들게 줄과 자를 가지고 다니며 거리를 재지 않아도 수레를 타고 가면서 바퀴로 거리를 측정하고, 1리마다 나무 인형이 북을 쳐서 알려 주니 북이 울린 숫자만 기록하면 거리를 쉽게 계산할 수 있었습니다.

기리고거

　우리나라에서는 기리고거가 세종대왕 때 처음 사용되었지만, 중국에서는 훨씬 오래전부터 사용되었습니다. 기리고거에는 북뿐만 아니라 북과 종이 함께 울리도록 만들어진 것도 있습니다. 종은 무엇을 나타낼까요? 1리를 갈 때 북이 한 번 울린다고 했습니다. 그럼 100리를 가면 북이 백 번 울립니다. 백 번을 세는 동안 숫자를 헷갈릴 수도 있기 때문에 북이 열 번 울릴 때마다 종이 한 번 울리도록 했다고 합니다. 그러니까 10리를 가면 종이 한 번 울리는 것이지요.

　그럼 북과 종이 울리는 소리로 거리를 계산하는 문제를 풀어 볼까요?

문제: 기리고거를 타고 가는데 종소리가 열다섯 번 울리고 북소리가 아흔여덟 번 울렸습니다. 이동한 거리는 얼마일까요?

기리고거가 1리를 가면 북소리가 한 번 울리고 10리를 가면 종소리가 한 번 울린다고 했던 것을 기억하면서 살펴봅시다.

종소리 열다섯 번은 15×10리=150리이고, 북소리 아흔여덟 번은 98×1=98리입니다. 이 둘을 더하면 150+98=248로, 이동한 거리는 248리입니다. 거리를 재는 담당자는 편하게 수레를 타고 가면서 북소리와 종소리 횟수만 적어서 계산하면 되니 정말 편리한 방법이지요. 오늘날 택시의 미터기도 이와 같은 원리를 가지고 요금을 계산한다고 합니다.

세종대왕 때 처음 사용된 기리고거는 조선 팔도의 거리를 재는 데 사용되어 조선 후기에 이르기까지 다양한 지도 제작에 도움을 주었습니다. 〈대동여지도〉도 김정호가 직접 기리고거를 타고 다니며 거리를 계산해 만든 지도입니다.

100리를 1척으로

조선 시대의 대표적인 지도가 무엇이냐고 물으면 대부분 〈대동

〈대동여지도〉

여지도〉라고 대답할 것입니다. 김정호가 〈대동여지도〉를 만드는

과정과 의미는 영화로도 만들어질 정도였습니다. 그만큼 우리에게

잘 알려진 지도라는 것이지요.

〈대동여지도〉가 유명한 이유는 무엇일까요? 그것은 조선 시대

지도 중에서 한반도의 지형을 가장 실제와 가깝게 그렸기 때문입니다. 우리나라의 고지도를 보면 지형이 왜곡된 경우가 많습니다. 그러나 〈대동여지도〉는 인공위성으로 찍어 본 지금 한반도의 모습과 크게 다르지 않을 정도로 정밀하게 만들어진 지도입니다.

김정호는 어떤 방법을 사용했길래 실제와 거의 오차가 없도록 지도를 만들 수 있었을까요? 그것은 바로 '백리척'이라고 하는 축척을 사용했기 때문입니다. 백리척은 100리를 1척으로, 10리를 1촌으로 표시한 축척인데, 지도의 정확성을 높일 수 있는 획기적인 방법이었습니다.

축척이란 지도를 만드는 데 있어 없어서는 안 되는 요소입니다. 한 치의 오차도 없이 정확한 지도를 만들려면 실제 크기와 똑같은 종이가 필요합니다. 마치 종이를 대고 베끼듯이 사실 그대로 그리는 수밖에 없지요.

그러나 이렇게 지도를 그릴 수 없을 뿐만 아니라 만드는 의미도 없습니다. 지도를 펼쳐 한눈에 해당 지역의 모습을 볼 수 있어야 하는데, 실제 크기와 똑같은 지도가 무슨 소용이 있을까요? 그래서 축척이 필요합니다.

축척이란 '지도상의 거리:실제 거리'를 나타낸 것입니다. 예를 들어 지도상의 거리가 2센티미터인데 실제 거리가 4킬로미터라면 축척은 얼마일까요? 축척은 지도상의 1센티미터에 해당하는 실제 거리를 알면 됩니다. 먼저 지도상 거리:실제 거리=2:400,000로 표시할 수 있습니다. 그다음 지도상의 1센티미터에 해당하는 실제 거리를 알기 위해서는 우리가 알고 싶은 실제 거리를 x로 생각하고 1:x=2:400,000이라는 식을 만들 수 있습니다. 이 식을 계산했을 때, x의 값은 200,000이니 축척은 바로 1:200,000입니다.

모양은 같지만 크기가 다른 도형을 닮은 도형이라고 합니다. 닮은 도형은 서로 대응하는 대응변 길이의 비율이 일정한데, 이것을 닮음비라고 합니다. 축척에 사용된 것이 바로 닮음비입니다. 그래서 우리나라의 지도와 실제 모습은 모양은 같고 크기가 다른 닮은 도형이라고 할 수 있지요.

축척은 일정한 비율로 커지고 작아지기 때문에 작은 지도 한 장을 가지고도 넓은 국토를 헤아릴 수 있습니다. 지도를 보면 축척 값이 얼마인지 표시가 되어 있으니 그것으로 실제 거리를 계산할 수도 있습니다.

우리나라는 유독 산이 많습니다. 이때 평지와 산의 축척을 똑같이 적용해도 괜찮을까요? 그렇게 하면 오차가 생길 수밖에 없습니다. 그래서 평지와 산처럼 경사가 심한 곳이나 하천이 있는 곳은 축척의 비를 다르게 적용해서 실제 지형을 그대로 반영할 수 있도록 했습니다. 즉, 평지는 100리를 1척, 10리를 1촌으로 하고 산은 그 험준함에 따라 120리나 130리를 1척으로 계산했습니다.

평지 → 1:100

산 → 1:120 혹은 1:130

    조선 시대 사람들은 정확한 지도를 만들기 위해 많은 노력을 했습니다. 여러 가지 시도를 하면서 가장 정밀하게 거리를 재는 방법을 알아낼 수 있었지요.

    정확한 지도는 산과 강, 길과 도시를 한눈에 구별할 수 있고, 육로와 해로를 자세히 나타내 물자를 이동시키거나 사람이 통행할 때 요긴하게 사용할 수 있어 백성들의 생활도 더욱 편리해졌습니다. 또한 외적의 침입을 대비하는 데도 중요한 역할을 했습니다.

    나라를 지키는 일에는 정밀한 지도를 제작하는 일 외에도 수학이 필요한 부분이 많았습니다. 어떤 곳에서 수학이 이용되었을까요? 함께 살펴봅시다.

나라를 지키는
방법을 계산하라

여덟 방향의 진

    조선에서 세종대왕 다음가는 훌륭한 왕으로 손꼽히는 정조는 꽃나무를 별로 좋아하지 않았다고 합니다. 그는 왕이 꽃나무를 좋아하면 백성이 농사를 지어야 할 땅에 꽃나무를 심게 되고, 그렇게 되면 백성이 농사지을 땅이 부족해질까 봐 걱정했습니다.

    그래서 정조는 정기적으로 나라에 꽃나무 바치는 일을 그만두게 했지만, 여름에 나는 석류와 가을에 피는 국화는 받아들였다고 합니다. 그중에서도 석류를 무척 사랑해서 궁궐 안에 석류 화분을 놓아두고 감상하는 일이 많았습니다. 다음과 같은 기록이 남아 있기도 하죠.

예전에 궁 안에 석류 화분이 500~600개가 있었다. 평소 거처하는 전각의 뜰 가운데 두되, 팔진법을 사용하여 돌 더미를 벌여 놓은 모습과 같게 하라고 명령한 것은 깊은 뜻이 담겨 있다.

〈일득록〉『홍재전서』

정조는 왜 석류 화분 600개를 팔진법에 따라 배열해 놓으라고 했을까요? 또 팔진법은 무엇일까요? 팔진법은 중국 삼국 시대 촉한의 전략가인 제갈량이 만들었다는 군대의 대열을 짜는 진법입니다. 놀을 여덟 술로 만들어 각 술마다 2장씩 거리를 두었는데, 이 팔진법 안에 한번 들어가면 빠져나올 수가 없었다고 합니다.

제갈량이 오나라 육손의 추격을 대비하여 돌을 팔진도의 형태로 쌓아 두었더니 육손이 여기에 갇혀 길을 잃었던 이야기가 있을 만큼 팔진도는 막강한 진법입니다.

그런데 이상한 점이 있지요? 정조는 왜 굳이 석류 화분을 팔진법으로 배열해 놓았을까요? 석류 화분을 군대의 진을 치는 방법인 팔진법으로 배열해 놓고 감상하면 더 좋을까요? 여기에는 슬픈 이유가 있습니다. 정조는 아버지인 사도 세자가 비극적으로 죽

〈백자 청화 석류 분재무늬 항아리〉

은 후에 항상 생명의 위협을 느끼며 살았습니다. 정조를 해치려는 무리가 궁의 담을 넘은 것이 한두 번이 아니었기 때문에 궁 안에서 편안하게 쉴 수가 없었습니다. 그래서 좋아하는 석류 화분을 마치 군대의 대열을 짜듯이 놓아 두고 심리적으로 자신을 지키려고 한 것입니다.

팔진도는 하늘 땅 바람 구름과 날아가는 호랑이, 또아리를 튼 뱀, 날아가는 용, 날아가는 새 여덟 가지로 진법을 만든 것입니다.

우물 '정(井)' 자의 형태로 9개의 무리가 만들어져서 중앙에 1개 부대가 있고 주변에 8대의 부대를 배치할 수 있습니다.

팔진법을 운용하면 64개의 진을 만들 수 있습니다. 양쪽 끝에 16진, 중간에 12진, 오른쪽에 4진, 왼쪽에 4진, 앞에 6진, 뒤에 6진을 만들고 8진을 양쪽에 붙이고, 중간에 8진을 붙이면 16+12+4+4+6+6+8+8=64가 됩니다.

이렇게 구성된 64개의 진에는 몇 명의 병사를 배치할 수 있을까요? 1개 소대는 쉰다섯 명으로 구성하는데 8개 소대가 1개의 진을 구성하면, 1진은 55×8=440명이 되고, 8진은 총 440×8=3,520명이 됩니다.

팔진법의 중앙까지 치고 들어가려면 3,520명의 병사로 이루어진 8개의 진을 뚫어야만 하는데, 이들이 가만히 방어만 하는 것이 아닙니다. 적이 앞을 치면 뒤에 있던 부대가 와서 공격하고 뒤를 치

 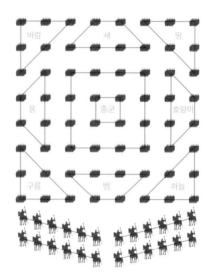

〈팔진도〉『어정병학통』

면 앞이 와서 공격하고 가운데를 치면 앞과 뒤에서 한꺼번에 공격하니 이런 긴밀한 조직을 뚫기가 어렵겠지요.

팔진법을 활용해서 새롭게 진을 짜는 방법도 많이 나왔습니다. 그중에 하나인 육화진은 6개의 꽃잎 모양으로 진을 친다는 뜻입니다. 원형으로 진을 쳐서 서로 연결하면 꽃잎이 활짝 피어난 모양이 되지요.

6개의 꽃잎이지만 가운데에 위치한 동그란 진이 중심이기에 육화진은 6+1=7로 7개의 진을 이룹니다. 7개의 덩어리로 이루어진 꽃 모양이 다시 7개가 모여서 큰 꽃 모양을 만들어 큰 진 안에 작은 진을 포용하고 있는 모양입니다. 그래서 육화진은 7×7=49개의 진

〈육화진〉『어정병학통』

으로 구성되어 있습니다. 이름은 육화진이지만 7이라는 숫자를 기본으로 운용하고 있습니다.

이처럼 육화진은 크고 작은 진이 서로 잘 연결되어 있는데요. 어느 정도 규모의 땅에 진을 칠 수 있을까요? 육화진을 치려면 사방 1,200보의 땅에 6개 진영이 각각 400보씩 차지할 정도의 땅이 필요하다고 했습니다.

사방 1,200보는 사각형 모양의 땅에 한 변이 1,200보인 것을 말하므로 면적은 밑변과 높이를 곱한 1,200×2=2,400보가 됩니다. 2,400보를 6개 진영이 나누면 2,400÷6=400이 되니, 각 진영이 400보씩 차지한다는 뜻입니다.

팔진법이 사각형으로 진을 치는 것이라면 육화진은 원형으로 진을 치는 것입니다. 사각형의 진을 방진이라고 하고, 줄지어 치는 진을 열진, 직사각형은 직진, 구부러져 있으면 곡진이라고 합니다. 그 외에 봉둔진 현무진 장사진 학익진 어린진 조운진 언월진 각월진 등 여러 가지 모양의 진법이 있습니다. 이 중에 뱀이 길게 늘어선 것처럼 많은 군사가 줄지어 길게 늘어선 모양을 의미하는 장사진이나, 학이 날개를 펼친 모양으로 한산 대첩에서 이순신 장군을 승리로 이끈 학익진은 많이 들어 보았지요?

학이 날개를 펼쳐 왜적을 무찌르다

1592년 일본군이 부산에 상륙하면서 시작된 임진왜란. 일본을 우습게 보던 조선은 제대로 손을 쓰지도 못하고 선조가 서울을 떠나 의주로 가면서 명나라에 도움을 요청하게 되었습니다. 임진왜란으로 나라가 위태로울 때 이순신 장군이 없었다면 조선은 어떻게 되었을까요?

이순신 장군이 적은 병력으로 훨씬 많은 일본군을 이기기 위해 학익진을 사용했다는 것은 잘 알려져 있습니다. 영화나 드라마에서도 그 모습을 자주 볼 수 있지요.

> 사수로 학익진을 만들고, 뒤에 참퇴장을 두어 모두 가로로 진을 칩니다. 뒤에 장사진 두 겹을 만들어 모두 좌우 면에 배치하고 또 학익진 두 겹을 만들어 앞뒤 면에 배치하여 앞면에 있는 진은 앞의 왜구를 막고 뒷면에 있는 진은 뒤의 왜구를 막습니다.
>
> 이덕홍, 「행재소에 올린 소」, 『간재집』

위 글은 문인 이덕홍이 일본군을 이기기 위해 학익진과 장사진을 사용하자고 건의한 내용입니다. 그렇다면 학익진은 무엇일까요? 학익진은 이름 그대로 학이 날개를 펼친 것과 같은 모양으로 진을 치는 진법입니다. 날개가 2개이니 가운데에서 왼쪽과 오른쪽으로 대형이 나누어집니다.

학익진은 적은 병력으로 많은 적을 상대하기에 유리합니다. 날개가 안쪽으로 모이는 모습이라 지형의 영향을 많이 받는 진법이기도 합니다. 이순신 장군이 한산 대첩에서 지형을 이용하여 일본군을 격파한 것은 이미 유명하지요. 한산 대첩은 경상남도 통영의 한산도 앞바다에서 일어난 전투로, 한산도 앞바다의 지형이 학익진을 사용하기에 유리했다고 합니다.

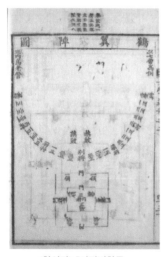

〈학익진〉 『어정병학통』

이순신 장군은 "판옥선 대여섯 척으로 먼저 나온 적을 뒤쫓아 엄습할 기세를 보였다. 그러니 일본군의 배들이 쫓아와 우리 배는 거짓으로 물러나면서 돌아 나오자 왜적들이 따라 나왔다. 그때야 여러 장수에게 명령하여 학익진을 펼쳐 일시에 진격하였다"라고 했습니다.

그림을 살펴보면 왼쪽과 오른쪽으로 크게 나눠지고 각각 군사가 늘어서 있습니다. 중앙에는 왼쪽과 오른쪽의 장수를 중심으로 세 명으로 구성된 팀이 한쪽에 세 팀씩 총 여섯 팀으로 구성되었습니다. 왼쪽 장수와 오른쪽 장수를 합한 수 2와 왼쪽의 $3 \times 3 = 9$와 오른쪽의 $3 \times 3 = 9$를 합하면 $2 + 9 + 9 = 20$이 되므로, 최소 인원이 스무 명일 경우 1열로 대열을 구성할 수 있게 됩니다. 상황에 따라 좌별장과 우별장으로 구분하지 않고 좌우 통틀어 별장 한 명으로 구성할 수도 있습니다.

학익진 대열은 병력의 규모에 따라 1열로 구성할 수도 있고 2열이나 3열로 구성할 수도 있으니, 병력이 적을 때뿐만 아니라 병력에 여유가 있을 때도 사용할 수 있는 방법입니다. 또한 임진왜란 때 사용했다고 하는 쌍학익진은 2개의 진을 동시에 치는 방법입니다. 이 진법은 넓게 날개를 펼쳐서 날개를 좁혀 가며 공격하기 때문에 산이 많은 우리나라 지형에서 사용하기에 유리했습니다.

예를 들어 지형이 좁아 한 줄에 열 명밖에 서지 못하는 상황에서 아군이 열 명이고 적군이 백 명일 경우 숫자로는 10:100의 불리한 싸움이지요. 그렇지만 학익진으로 열 명의 군사를 앞에 펼쳐서 세우면 백 명의 적군이라도 우선은 가장 앞에 있는 열 명만을 대적하게 됩니다.

지형이 좁고 길어서 적군이 열 명씩 늘어서지 못해 다섯 명씩 선다면 아군 열 명이 적군 다섯 명을 대적할 수 있어 적은 병력으로 싸우기에 유리합니다. 학익진으로 먼저 기선을 제압하고 뒤에 있는 다른 진의 병사가 싸울 수 있게 되니 지형에 따라 유리한 방법이지요.

하지만 이순신 장군이 열두 척의 배로 학익진을 잘 펼쳤다고 해도 수많은 일본군의 배를 물리치려면 포탄을 정확하게 명중시켜야 했습니다. 당연히 '여기에서 포탄을 쏘면 명중하겠지'라는 마음으로 포탄을 쏠 수만은 없습니다.

그렇다면 이순신 장군은 일본군과의 거리를 파악한 뒤 포탄이 날아가는 거리를 계산해야 합니다. 일본군의 배가 아군의 배와 얼마나 떨어져 있는지는 어떻게 알았을까요?

멀리 있는 적과의 거리를 계산하는 법

멀리 떨어진 거리를 직접 재지 않고도 알 수 있는 방법은 무엇일까요? 옛날에는 두 직각 삼각형의 닮음비를 이용해서 멀리 떨어진 거리를 측정하는 방법을 사용했습니다. '망해도술'이라고 부르는 방법입니다. 망해도술은 글자 그대로 바라볼 '망(望)' 자와 바다 '해(海)' 자, 섬 '도(島)' 자와 방법 '술(術)' 자를 써서 바다의 섬을 바라보며 그 거리를 재는 기술이라는 뜻입니다.

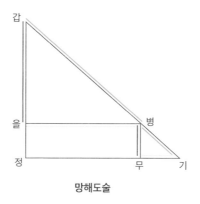

망해도술

병-무 : 무-기 : 병-기 = 갑-을 : 을-병 : 갑-병

그림에는 병 무 기의 작은 직각 삼각형과 그것을 같은 비율로 확대한 갑 을 병 직각 삼각형이 있습니다. 병에서 무의 길이는 갑에서 을의 길이와 같은 비율이며, 병에서 기의 길이는 갑에서 병의 길이와 같은 비율입니다. 마찬가지로 무에서 기의 길이는 을에서 병의 길이와 같은 비율입니다. 이것을 이용한 문제를 하나 함께 살펴봅시다.

문제: 대나무가 서 있는데, 그 길이를 모릅니다. 대나무 밑에서 2장 8척을 물러나서 1장의 푯말을 세우고 푯말 뒤로 또 8척을 물러나서 눈을 땅에 붙이고 바라보니 대나무의 끝이 푯말의 끝과 함께 나란히 짝을 이루어 가지런하다면, 대나무의 높이는 얼마일까요?

『묵사집사법』에 실린 이 문제의 답은 4장 5척입니다. 문제의 풀이를 보면, 대나무에서 물러난 거리 2장 8척을 푯말에서 물러난 거리 8척으로 나누면 3척 반을 얻게 됩니다. 푯말의 길이를 여기에 곱하면 3장 5척을 얻고 푯말의 높이 1장을 더하면 4장 5척이 나옵니다. 이를 수식으로 표현하면 다음과 같습니다.

$$28 \div 8 = 3.5$$
$$3.5 \times 1 = 3.5$$
$$3.5 + 1 = 4.5$$

대나무의 길이를 알기 위해 푯말의 길이를 직각 삼각형의 닮음비를 이용하여 구한 것입니다. 이렇게 직접 잴 수 없는 거리를 알기 위해서는 닮음비를 이용하는 망해도술을 사용하면 됩니다.

화살의 발사 거리는?

병사의 숫자가 많다고 해서 무조건 전쟁에서 이기는 것은 아닙니다. 요즘에는 최신 무기를 더 많이 확보해야 전쟁에서 승리하기에 유리합니다. 옛날에 전쟁터에서 가장 많이 사용했던 무기는 칼과 화살 정도였습니다. 특히 화살은 먼 거리에 있는 적군을 쓰러뜨릴 수 있어 반드시 필요한 무기이기에, 화살을 멀리 쏘기 위한 활의 기능이 중요했습니다.

활로 화살을 쏘면 얼마나 멀리 나갈 수 있을까요? 조선 시대 1보의 길이는 156센티미터 정도입니다. 300보라고 계산하면 156×300=46,800센티미터로, 468미터가 됩니다.

조선 시대 화살대의 길이는 4척이나 3척 8촌이었습니다. 현대의 단위로는 약 11~12센티미터지요. 화살의 깃이 좁고 철로 만든 화살은 180보 정도 날아갔으며, 화살의 깃이 좁고 나무로 촉을 만든 화살은 240보 정도 날아갔다고 합니다.

화살의 깃이 좁을수록 날아가는 거리가 늘어나고, 철로 만든 화살촉보다 나무로 만든 화살촉의 화살이 더 멀리 날아갔다는 것을 알 수 있습니다. 이렇게 화살의 성질에 따라 날아가는 거리를 알 수 있기 때문에 거리에 따라 어떤 화살로 쏘아야 하는지 판단할 수 있습니다.

화살의 형태나 재료에 변화를 주어 사정거리를 길게 하는 방법 말고도 획기적인 방법이 있었습니다. 그 방법은 바로 화살을 로켓 형태로 만드는 것입니다. 1448년 세종 30년에 세계 최초로 2단 로켓을 제작하여 발사했는데 이것의 이름이 '신기전'입니다. 이름처럼 귀신 '신(神)' 자에 기계 '기(機)' 자, 화살 '전(箭)' 자를 써서 귀신

같은 기계의 화살이라는 뜻입니다. 신기전은 지금의 로켓과 같은 구조와 작동 원리로 발사되는 로켓형 화살입니다. 화살에 불을 붙이고 그것을 쏘아 올리는 화차의 힘을 받아 더 멀리 날아갈 수 있는 당시 최신 무기로, 서양보다 삼백 년이나 앞서 개발되었다고 합니다. 그러니까 우리나라에서 세계 최초로 로켓형 화살을 개발한 것이지요.

신기전은 화약을 장전하여 불을 뿜어내는 추진력으로 화살을

화살을 쏘는 신기전

더 멀리 날아갈 수 있도록 만든 것입니다. 목표 지점에 가까워지면 자동으로 폭발할 수 있게 설계되어 사정거리를 계산한 뒤에 화약이 터지도록 기계를 장치해야 합니다.

세종대왕 때 개발된 신기전은 1451년에 그 아들 문종이 발명한 화차에 실려 사정거리가 1,000미터 이상이 되었습니다. 화차를 발사 틀로 이용하면서 더욱 강력한 추진력을 얻을 수 있었기 때문이지요. 문종이 만든 화차라고 해서 일명 '문종 화차'라고도 부르는데, 신기전을 수레 위에 올려놓고 사용할 수 있습니다. 발사 각도를 0도부터 43도까지 조절할 수 있어 목표 지점에 따라 사정거리를 계산하여 각도를 정할 수 있습니다.

화차는 구멍이 15개씩 일곱 줄이 있습니다. 7×15=105로 모두 105개의 구멍이 있어야 하지만, 가장 아래 가운데 구멍 5개가 막혀 있어 105-5=100으로 전체 화실 구멍은 모두 100개입니다. 불을 붙이면 100개의 화살이 윗줄부터 아랫줄까지 15개씩 차례대로 모두 발사됩니다.

신기전 대신 총통기라는 무기를 화차에 실어 쏘기도 하는데, 이것을 총통기 화차라고 합니다. 이것도 문종이 창안한 것으로 화차 위에 사전총통이라는 무기가 10개씩 다섯 줄로 올라가 50개의 화살이 동시에 발사됩니다.

여기에 작은 화살을 꽂아서 사용하기도 합니다. 작은 화살 4개를 꽂아 50개의 사전총통에 불을 붙이면 4×50=200으로 한꺼번에 200개의 화살이 발사되고, 6개를 꽂아 50개의 사전총통에 불을 붙이면 6×50=300으로 동시에 300개의 화살이 발사됩니다. 이전에 사용하던 화살이나 신기전보다 몇 배나 강력한 힘을 발휘하는 무기가 되는 것이지요. 게다가 화차의 각도를 조절하면 더 멀리 발사할 수 있으니 화살이 날아가는 거리에 각도를 계산하여 정확하게 목표 지점에 쏠 수 있는 무기였습니다.

과거에 사용되었던 신기전과 화차는 현재 남아 있지 않습니다. 그렇지만 책에 기록된 설명과 그림으로 신기전이 복원되어 국립 중앙 과학관에 전시되어 있으니 직접 가서 보는 것도 좋겠죠?

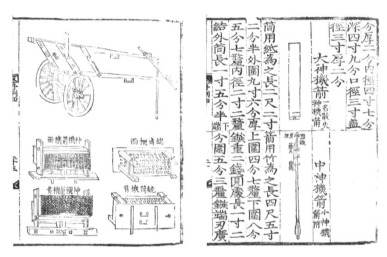

화차와 신기전 『국조오례서례』

2021년, 우리나라의 독자 기술로 개발한 한국형 발사체 누리호가 발사에 성공하여 대한민국은 세계에서 일곱 번째 위성 발사국이 되었습니다. 그 모습을 보면 조선 시대에 세계 최초의 로켓을 만들어 낸 능력을 떠올리지 않을 수 없습니다.

화살의 개수를 계산하는 방법

전쟁을 치를 때 숫자를 계산하는 일은 무척이나 중요합니다. 필요한 병사의 수를 계산하여 진영마다 병사를 배치하기도 하고, 전쟁을 대비해 군사 훈련을 할 때 필요한 훈련장의 면적을 계산하기도 합니다. 그 외에 무기의 수를 계산하여 관리하는 것도 중요하죠. 그래서 조선 시대 수학책에는 화살의 개수를 구하는 문제가 등장합니다. 홍대용의 『주해수용』에 실린 문제를 풀어 볼까요?

문제 ①: 정사각형으로 묶은 화살이 한 묶음 있는데, 바깥 둘레에 있는 화살이 44개라면 전체 화살은 몇 개인가?

문제 ②: 원형으로 묶은 화살이 한 묶음 있는데, 바깥 둘레에 있는 화살이 54개면 전체 화살은 몇 개인가?

정사각형으로 묶은 화살과 원형으로 묶은 화살의 개수를 구하는 문제인데, 문제를 풀기 전에 먼저 화살을 묶는 방법을 알아봐야 합니다. 정사각형으로 묶은 화살을 방전이라고 하고, 원형으로 묶은 화살을 원전이라고 하며, 삼각형으로 묶은 화살을 삼릉전이라고 합니다.

1번 문제는 정사각형으로 묶은 화살의 개수를 묻는 것이고 2번 문제는 원형으로 묶은 화살의 개수를 묻는 것입니다. 1번 문제의 답은 144개, 2번 문제의 답은 271개입니다.

문제의 풀이법을 살펴봅시다. 1번 화살의 개수를 구할 때 바깥 둘레에 있는 화살 44개에 가운데 정사각형 모양을 이루는 4를 더하여 44+4=48이 나오는데 여기에 48을 한 번 더 곱합니다. 48×48=2,304를 16으로 나누면 2,304÷16=144이므로 전체 화살의 숫자는 144개입니다.

16으로 나누는 이유는 무엇일까요? 사각형으로 묶인 것의 개수를 구하는 법을 방속법이라고 하는데 방속법에는 16이라는 상수가 있습니다. 사각형이라 4×4=16으로 정한 것입니다.

원형으로 묶인 것의 개수를 구하는 원속법의 상수는 12입니다. 원의 넓이를 구할 때 원둘레의 제곱을 12로 나누는데 12를 원법이라고 하기 때문이지요.

정삼각형으로 묶인 화살을 계산하는 방법을 삼릉속법이라고 하는데 삼릉속법의 상수는 18입니다. 정삼각형으로 묶인 것의 중심에 화살 1개를 기준으로 9개의 화살이 감싸고 있어서 각 층마다 9개씩 늘어납니다. 제일 바깥 둘레의 화살 개수를 9로 나누어야 총수가 되고 등차수열 합의 공식 분모에 2가 있기 때문에 18로 정한 것입니다.

이 방법이 정확하다고 볼 수는 없지만 정사각형은 16, 원형은 12, 정삼각형은 18로 상수를 정하여 계산하면 쉽게 화살의 개수를 계산할 수 있었습니다. 그럼 이 상수를 이용해서 2번 문제의 답을 계산해 봅시다. 원형으로 묶인 화살의 바깥에 54개의 화살이 있다면 54에 6을 더하여 54+6=60으로 만듭니다. 60에 바깥 둘레의 54를 곱하면 60×54=3,240이 됩니다. 3,240을 12로 나누어 3,240÷12=270을 구하고 여기에 가운데 있는 1을 더하여 270+1=271개를 구하는 것입니다. 이런 식으로 화살의 개수를 구하여 전쟁에서 필요한 병력에 맞는 화살을 공급할 수 있습니다.

필요한 무기의 수량을 계산하는 것 말고도 병사의 식량을 계산하는 일도 매우 중요합니다. 필요한 식량보다 적게 계산해서 지급하면 병사들이 굶주림에 시달려 제대로 힘을 발휘할 수 없게 됩니다. 반대로 필요한 식량보다 많게 계산해서 지급하면 무거운 식량을 운반하느라 불필요한 힘을 낭비하게 되지요. 그래서 숫자를 정확하게 계산해야 합니다.

예를 들어 병사 한 명이 하루에 먹는 식량이 4승 5홉이라고 할 경우에 929명의 병사가 90일 동안 먹어야 할 식량은 얼마나 될까요? 답은 3,762석 4두 5승입니다.

이 문제를 풀이하면, 하루에 필요한 식량이 4승 5홉이니 90일이면 $4.5 \times 90 = 405$입니다. 한 명이 90일 동안 4석 5승이니, 929명이라면 $405 \times 929 = 376,245$이 됩니다.

조선 시대 사람들은 전쟁을 일으키기 위해 무기를 개발한 것이 아닙니다. 지형 때문에 항상 외적의 침입에 대비해야 하므로 방어를 위해 무기를 개발하고 진법을 활용해야 했지요. 효율적으로 군대를 운용하기 위해서는 무기의 숫자나 군량미의 양, 병사의 이동 거리 등을 정확하게 계산할 필요가 있습니다. 그것이 세금을 낭비하지 않고 백성들을 위험에 빠지지 않게 하는 효율적인 국방의 방법이기 때문입니다. 나라를 지키는 데 있어서도 수학이 얼마나 중요한지 실감이 납니다.

이 책을 읽기 전에는 조선 시대 사람들이 복잡한 수학은 필요 없이 간단한 계산만 하며 살았다고 생각했을 수도 있습니다. 지금처럼 우주선을 쏘아 올리거나 정밀한 기계를 만들기 위해 복잡한 계산을 할 필요가 없는 세상이었기 때문이죠.

하지만 우리 조상들은 직각 삼각형을 이용해서 구고법을 만들고, 그것을 가지고 땅의 넓이를 계산했습니다. 그러다가 나중에는 지구에서 태양이 얼마나 멀리 떨어져 있는지, 달과의 거리는 얼마큼인지도 계산할 수 있게 되었습니다.

둥근 연못의 넓이를 계산하거나 둥근 그릇에 담긴 곡식의 양을 계산하기 위해 원주율이 필요했습니다. 점점 더 많은 다각형을 만들어 가며 정밀한 원주율의 값을 구했습니다. 나중에는 이것을 이용하여 태양의 지름과 면적을 구하기도 했지요. 하늘의 해와 달을 보면서 달력을 만들어 정확한 날짜를 계산하기도 했어요. 우주에 나가지는 못했어도 우리 조상들의 수학은 우주 공간을 계산할 수 있는 수준이었습니다.

인간의 생활이 점점 복잡해짐에 따라 수학도 계속해서 발전했습니다. 그리고 당장 필요한 것을 넘어서 인간이 살아가는 근본적인 원리와 삶의 태도를 생각하는 데까지 수학을 적용했습니다.

윷놀이나 주사위 놀이와 같은 수학이 필요한 놀이, 수학으로 달력 만들기, 수학으로 시간 계산하기 등 이 책에서 미처 다루지 못한 더 많은 이야기가 있습니다. 내용이 어려워 생략하게 되었습니다. 어쩌면 여러분이 재미있게 읽었을지도 모를 내용을 미리 어렵다고 생각한 것은 아닐지 모르겠습니다.

앞에서 다룬 내용들도 여러분에게 어려울 수 있습니다. 그렇지만 어렵다고 멀리하지 말고 수학이 우리 생활에 얼마나 밀접하게 관련이 있으며, 필요한 존재인지 생각해 보는 기회가 되었으면 좋겠습니다.

먼 옛날 우리 조상들의 노력으로 지금 우리는 좀 더 편안하게 살게 되었습니다. 이 책을 읽는 여러분이 조선과 동양의 수학에 관심을 가지고 조상들의 업적을 통해 수학을 더욱 재미있게 만날 수 있기를 바랍니다.

수학으로 세상을
널리 이롭게 하라

© 안나미, 2025

초판 1쇄 인쇄일 | 2025년 1월 13일
초판 1쇄 발행일 | 2025년 1월 20일

지은이 | 안나미
펴낸이 | 정은영
편   집 | 우소연 전유진 장혜리
디자인 | 서은영
마케팅 | 최금순 이언영 연병선 송의정
제   작 | 홍동근

펴낸곳 | (주)자음과모음
출판등록 | 2001년 11월 28일 제2001-000259호
주   소 | 10881 경기도 파주시 회동길 325-20
전   화 | 편집부 (02)324-2347, 경영지원부 (02)325-6047
팩   스 | 편집부 (02)324-2348, 경영지원부 (02)2648-1311
이메일 | jamoteen@jamobook.com
블로그 | blog.naver.com/jamogenius

ISBN 978-89-544-5236-6 (44080)
       978-89-544-3135-4 (SET)